教科書には載っていない最先端の日本史

JN184986

現代教育調査班〔編〕

青春新書
PLAYBOOKS

はじめに——日本史は常に書き換えられている

日進月歩という言葉は、科学や医学にだけ当てはまるわけではない。歴史も日々新しい発見があり、更新されていく分野である。

それがもっとも顕著なのは古代史だ。新たな遺跡の発掘、新たな出土品の発見が通説の書き替えに直結することも珍しくない。発見された人骨化石の絶対量が少ないこともあって、縄文人や弥生人の身体的特徴についての定説ですらコロコロ変わるのが実情だ。

飛鳥時代以降に歴史書やさまざまな記録が残されるようになるが、それでも新たな発見によって通説が書き換えられることは珍しくない。文献史料の絶対量が少ないうえに、それらが勝者に都合のいいように記録されているからだ。史実に迫ろうとするなら、複数の史料の間に矛盾がないか十分に気を配り、行間を読む能力も必要になる。根気のいる作業だが、それができる研究者が多くいるからこそ、歴史の解明も日進月歩で歩んでいるのだ。

さらに時代が下れば、著名人の手紙や日記が貴重な史料となる。子孫たちがその重要性に気づかないまま、土蔵などに眠っている古文書は相当数におよぶはずだ。

謎の部分が多い「本能寺の変」などの歴史的重大事件についても、解明につながる発見がいつどこでなされても不思議はない。そのような意味で日本は古文書大国だといえる。

また、発見は新しいものから生じるとは限らない。既存史料を丹念に読み返すことで新たな知見が得られることも少なくない。それには、記録された当時の文脈を推察するなどして、当然だと思われている史実をもう一度見直すという地道な努力が不可欠となる。

これらに加えて、近年はレントゲンや空中からのレーザー調査など、科学の力が新発見を手助けしてくれるようになってきた。地中に空洞がある、異物があるといった程度ならこうした技術でわかるようになり、発掘調査の効率も著しく向上している。

本書は、こうした近年のさまざまなアプローチが生んだ新発見の一部を紹介していく。何年、何十年も経たなければこうした新発見が教科書に取り上げられることはないかもしれないが、定説や通説が覆されたその結果に追随するばかりではつまらない。

それが本当に新発見なのか、新発見だとしたら何が変わるのかを想像するだけでも、歴史好きには楽しい時間になるだろう。

現代教育調査班

教科書には載っていない最先端の日本史　もくじ

第1章

「古文書調査」で見つかった新発見

第2章 「美術品鑑定」で見つかった新発見

第3章 「発掘調査」で見つかった新発見

第**4**章

「史料精査」で見つかった新発見

第5章

「科学分析」で見つかった新発見

カバーイラスト：安谷隆志
本文デザイン・DTP：佐藤　純（アスラン編集スタジオ）
本文画像：国立国会図書館
国土地理院
鹿児島市立美術館
Payless images
Wikimedia Commons
協力：フレッシュ・アップ・スタジオ
島崎晋

第1章

「古文書調査」で見つかった新発見

鉄砲伝来は定説の一五四三年より一年前だった

「日本に鉄砲が伝来したのは、天文一二年（一五四三）八月二五日」。日本の歴史教科書には一貫してそう記されてきた。

鉄砲伝来を一五四三年とする根拠は、薩摩（現在の鹿児島県西部）の禅僧文之玄昌《ぶんしげんしょう》によって著された『鉄炮記』という書物にある。文之玄昌に執筆を依頼したのは時の種子島島主の種子島久時で、その目的は鉄砲の入手と自主製造を成功させた父時尭《ときたか》の功績を称えることにあった。

一見したところ何の問題もなさそうだが、『鉄炮記』の上梓が慶長一一年（一六〇〇）と、伝来から半世紀以上の歳月を経ている点が気にかかる。鉄砲をもたらしたのはポルトガル人で、彼らが乗っていたのは中国・明の船。日本への鉄砲伝来について、中国かポルトガルに何か史料が残ってはいないのか。

種子島に漂着したのは合法的な商船ではなく、王直《おうちょく》という倭寇の大頭目の船だった。

元来、倭寇とは日本人の海賊を意味する言葉だったが、倭寇の主体を日本人が占めたのは南北朝時代から室町時代にかけてのことで、戦国時代の倭寇は中国沿岸部の密貿易商が大半を占めていた。明の朝廷が朝貢《ちょうこう》形式以外の対外貿易を認めていなかったため、密貿易に走ったわけだが、乗じる隙があると見れば海賊行為に走ることも辞さなかった。

密貿易と海賊行為を生業とした彼らであるから、詳細な記録は残されていないが、公式の史料からだけでも、一五四〇年から一五四五年にかけて、王直が日本とシャム（現在のタイ）の間を頻繁に往来していたことがわかっている。

鉄砲をもたらした三人のポルトガル人については、香料の産地であるマルク諸島に提督として赴任した経験のあるアントーニオ・ガルバンが帰国後の一五六三年に著した『諸国新旧発見記』に記述がある。それによると、彼ら三人はシャムのドドラ（現在のアユタヤ）で本国の船から脱走。倭寇の船で明へ渡るつもりでいた。

その他、同時期のスペイン、ポルトガルの史料とも突き合わせていくと、ポルトガル人を乗せた明船の種子島漂着、すなわち日本への鉄砲伝来は一五四二年とするのが正しい。それが日本中世史・東アジア交流史を専門とする歴史学者、村井章介氏（東京大学名誉教授）の結論だった。

村井氏がこの説を最初に提起したのは一九九七年のこと。従来の説を完全に覆すにはいたっていないが、村井の提起をきっかけに議論が活性化したのは間違いない。

一五四二年説を後押しする材料は『鉄炮記』の中にもあった。その中に時間的な齟齬があるのだ。ポルトガル人の二度目の来島から、島内で鉄砲生産が開始されるまでに一年余りを要した。一方で、種子島氏の家臣である松下五郎三郎が一五四四年に鉄砲を携えて明に向かう船に乗り込んだとの記述がある。

当時の航海事情からすると、わずか四カ月で日本とシャムを二往復するのは不可能。そうなると、鉄砲の伝来が一五四三年では計算が合わず、一五四二年説に軍配を上げざるをえない。いまだ定説とはなっていないが、遠からず一五四三年説が覆る可能性も高い。

信玄の軍師・山本勘助の実在を示す書状が見つかる

平成一九年（二〇〇七）のNHK大河ドラマは『風林火山』で、主人公は武田信玄の軍師を務めた山本勘助だった。『甲陽軍鑑』は武田家遺臣が書き継いできた諸記録を江戸時代初頭にまとめた書物だが、勘助の活躍はこの中に詳しい。

また、同じく江戸時代に入ってから『武田二十四将図』がいくつも描かれ、山梨県の武田神社や和歌山県の高野山成慶院など武田氏ゆかりの寺社に所蔵されているが、どの絵にも末席のほうに勘助の姿が描かれており、勘助が隻眼《せきがん》であったことがうかがえる。

だが、これらはいずれも徳川の世になってから制作されたもので、勘助が存命したはずの同時代の史料には勘助の実在を示す証拠が皆無に近いことから、山本勘助の存在を疑問視する声も少なからず上がっていた。

ただ、昭和四四年（一九六九）に北海道釧路市在住の市河氏の子孫宅で発見された文書群、いわゆる「市河文書」の中の一通の書簡は、勘助が実在することを示していた。

市河氏は戦国時代に信州北部（現在の長野県北部）に割拠した豪族のひとつで、一貫して武田家に従っていたが、武田家の滅亡後は上杉方に属し、上杉氏の転封により会津、さらに米沢へと移り、米沢藩士として明治維新を迎えた。明治二三年（一八九〇）に陸軍屯田兵として北海道に移住したため、同家所有の古文書群も北海道に渡ったのだった。

問題の書状は武田信玄が信濃の豪族である市河藤若に宛てたもので、信玄と上杉謙信が川中島合戦を繰り広げていた弘治三年（一五五七）に書かれたと見られる。藤若の働きによって上杉勢が退散したという戦況を述べたあと、〝山本菅助〟を使者として送り、詳細を伝えさせたという内容が明記され、信玄の花押《かおう》（署名の一種）もある。

この山本菅助と山本勘助は同一人物に違いないというので、山梨県立博物館では「市河文書」をまるごと購入。現在も同館で所蔵・展示している。

だが、一通の書簡だけで勘助の実在を認めるほど懐疑派は甘くはなく、非実在説に固執する者は依然として多かった。

そうしたかたくなな人々に引導を渡す役目を果たす一軸の巻物が、平成二一年、江戸時代から薬屋を営む群馬県安中市の旧家で見つかった。「信玄公御證文」と書かれた漆箱には、武田家関係の古文書五点が張られた巻物が入っていたのだ。

古文書五点のうち二点は信玄が勘助に宛てたもので、功績を称えて恩賞を与える内容、重篤な状態である家臣の「小山田」を見舞うよう命じる内容だった。残る三点は武田家朱印状と徳川家康の二男結城秀康の書状で、朱印状には不足していた武具の支度を勘助に指示した内容と、勘助の後継者と見られる「山本十左衛門尉」に軍役を命じた内容に加え、勘助の子孫と考えられる「山本平一」に関する記述も見られた。

五点の書状を調べた山梨県立博物館の海老沼真治学芸員は、「五点は紙の質や書体の特徴などから一六世紀後半から一七世紀初頭のものと見られ、時代的な食い違いはない」と分析。また、見舞いを命じる文書は信玄自筆の可能性も高く、「細部に疑問も残るが、本物としての条件を備えている。信玄の家臣として山本菅助が実在した可能性が高まった。菅助の子孫、後継者の動向を追える史料もあり、非常に貴重」「市河文書から菅助は東信濃や上野国の動静に詳しかったことがうかがえる。また高崎藩の家臣に代々『山本菅助』を名乗る家もある。今後、検討を重ねていきたい」などとコメントしている。

これで山本勘助の実在を疑う声はほぼ消えそうだが、新たな疑問が浮かんでくる。なぜ多くの同時代史料が勘助の存在を無視、黙殺したかということだ。重要な役割を担いながら、外部には存在さえも知られぬよう振る舞っていたということだろうか。今後の研究ですべての謎が解明されることを願いたい。

「信長様に早くあいさつして」秀吉の焦りが読み取れる書状が見つかる

徳川家康の性格を表現するとき、しばしば「苦労人」という言葉が用いられる。少年時代は今川家で人質生活を送り、織田信長と同盟を結んでからは信長のペースに振り回され続け、豊臣秀吉のもとでは何事も我慢を貫き、秀吉より長生きできるよう健康に気を使った――。忍耐と地道な努力を重ね、失脚することなく秀吉より長く生き、天下を手中にしたのだから「苦労人」と呼ばれるのも納得がいく。

それに対して、豊臣秀吉の性格を表す際には「人たらし」という言葉がよく用いられる。「人たらし」には「多くの人びとに好かれること」と「人を騙すこと」という二つの意味があるが、秀吉の場合、前者の意味合いが強かった。要は気配りに優れ、できるだけ敵を作らぬよう心掛けていたのだ。

織田信長が存命のうちは、信長の機嫌を損ねないよう細心の注意を払った秀吉だが、作戦行動が思うように進展せず、薄氷を踏むような経験をしたことが何度もある。なかでももっとも手間取ったのは中国方面の播磨国攻略戦だった。

播磨国とは現在の兵庫県南西部。当時の播磨国は群雄割拠の状態で、西の毛利氏につくか東の織田信長につくかで、誰もが去就を迷っていた。三木城（現在の三木市上の丸町）城主の別所長治《ながはる》のように服属を誓いながら裏切る者も出るなど、秀吉による調略は順調には進まなかった。

毛利氏は安芸国吉田荘（現在の広島県中央部）を発祥の地とする一族で、元就の代になって急速に台頭。秀吉軍が攻め寄せた時点で中国地方の半分以上を支配下に収めており、播磨国の武士たちが去就に迷うのも無理はなかった。

とはいえ秀吉には猶予がなく、グズグズしていては信長に叱責され、任務から外されかねない。そんな秀吉の不安を示す書状が東京大学史料編纂所により発見された。インターネットのオークションで購入した古文書の汚れを落とし、破損個所を修復したりしながら解読を進めたところ、秀吉の直筆と見られる花押が認められ、秀吉の書状と判断されたのだった。

その書状は天正五年（一五七七）、服属の意思を示した播磨の有力武士である間嶋兵衛尉に宛てたもので、「有力者たちがあいさつをするなか、あなただけがしておらず、心配しています」と、信長にあいさつに行くよう促す内容が記されていた。

秀吉は播磨攻略を開始して早々に黒田官兵衛の帰服を得るが、官兵衛の旧主筋にあたる別所長治には裏切られるなど、信長の期待になかなか応えられずにいた。室町・戦国時代の大名の研究を専門とし、この書状の調査にあたった東京大学史料編纂所准教授の村井祐樹氏は、「信長からの叱責を恐れる秀吉の焦りも読み取れる」とコメントしている。

書状はふたつの点で画期的だった。ひとつには、秀吉による播磨攻略の実態を具体的に示す史料が初めて確認されたこと。またひとつには、服属の手続きとして信長へのあいさつが必要だったと明らかになったことである。

「人たらし」に長けた秀吉でも、背後に毛利氏という強大な戦国大名を擁する播磨国では苦戦を余儀なくされた。任務を遂行できなければ信長から非情な異動命令を下されるに違いなく、この書状からはそれを回避すべく必死の調略を行っていたことがうかがえる。

本能寺の変の謎に「四国説」と「室町幕府再興説」が加わった

天正一〇年（一五八二）六月二日に起きた本能寺の変。明智光秀が主君の織田信長とその嫡男信忠のそれぞれの宿所を襲い、二人を自害に追い込んだ事件だが、その動機については個人的な怨恨説や朝廷黒幕説などさまざまな説が唱えられている。秀吉や徳川家康を黒幕とする説もあるなか、近年新たに四国説と室町幕府再興説が浮上してきた。

四国説とは、四国全域を実効支配する長宗我部元親との関係を重んじた光秀が四国攻めを回避するために決起したとするもの。それを裏づけるかのように、岡山市の林原《はやしばら》美術館と岡山県立博物館において、本能寺の変の直前、長宗我部元親が光秀の重臣で親戚関係にもあった斎藤利三とやりとりした書状が発見された。

長宗我部元親は土佐国長岡郡岡豊城《おこうじょう》（現在の高知県南国市《なんこく》岡豊町八幡）から身を起こし、家督を継いでから一〇年後には土佐国七郡のうち六郡を獲得。翌年に残る一郡も併呑して土佐一国の統一を達成。その後も阿波国（現在の徳島県）の三好氏、伊予国（現在の愛媛県）の西園寺・宇都宮、讃岐国（現在の香川県）の香川・羽床《はゆか》などの諸氏を下し、本能寺の変の前までには四国全域を実効支配していた。

当初、信長は長宗我部元親の四国領有を容認するつもりでいたが、いざそれが現実化すると方針を翻し、重臣の丹羽長秀と三男の織田信孝に四国遠征の準備をさせていた。本能寺の変が起きなければ、同日中には四国への渡海が開始されるはずであった。

一方の室町幕府再興説は三重大学教授の藤田達生氏が提起した説で、論拠にされたのは岐阜県美濃加茂市の博物館に寄贈されていた一通の書状だった。

その書状は、光秀が現在の和歌山市付近で織田信長に抵抗していた土橋重治という人物に宛てたもので、藤田が鑑定したところ光秀の直筆であることが判明した。

書状には「六月一二日」の日付があり、「上意」という言葉を使って、その人物が「御入洛」、つまり京都に来ることになると伝えている。

「上意」とは位の高い人物の意向を意味する言葉で、その時点で光秀より上位にある人物といえば織田信長か正親町《おうぎまち》天皇、足利義昭の三人しかいない。信長と天皇はすでに京にいたから、ここでいう「上意」が室町幕府の一五代将軍にして、毛利氏の庇護下で亡命生活を余儀なくされていた足利義昭を指すことは間違いない。

つまり、本能寺の変から一〇日後、光秀は足利義昭を帰京させ、室町幕府の復興を図ろうとしていたわけで、藤田氏はこの書状から、本能寺の変を起こした動機が、室町幕府の復興にあったとの説を提起している。光秀には足利義昭に従って諸国を放浪した過去があることから、あながち荒唐無稽とはいえない説である。

ただし、書状の日付が本能寺の変から一〇日後という事実から、室町幕府の再興は目的ではなく、選択肢のひとつにすぎないという見方もできる。隙があった

▼『本能寺合戦之図』

から謀反を起こしてみたものの、収拾のつかない状態に陥ったあげく、足利義昭擁立を思いついたとも十分考えられる。

光秀が本能寺の変を起こした本当の動機は何なのか。さらなる確信へと導く古文書の発見を期待したい。

信長亡きあと、秀吉の試行錯誤を示す書状を発見

前項の本能寺の変には、ほかにも「家康黒幕説」や「秀吉黒幕説」などがあるが、いずれも憶測の域を出るものではない。信長が横死したとき和泉国の堺（現在の大阪府堺市）にいた家康は生きて三河国（現在の愛知県東部）に戻るだけで精いっぱいで、それ以外のことは何もできなかった。

一方の秀吉にしても、「中国大返し」と呼ばれる驚異的な速さでの帰還を果たして信長の弔い合戦に勝利するが、光秀打倒後の政局をどう収めるかについては、しっかりした考

えを持ち合わせていたわけではなかった。

これは新たに見つかった書状によって裏づけられている。この書状は愛媛県に住む男性の家に伝わるもので、本能寺の変から二カ月ほどあとに秀吉が家臣に宛てたものだ。

本能寺の変のあと、京の治安は乱れ、明智軍による略奪が横行した、山崎の戦いで光秀を破った秀吉は、京の治安を回復させる一環として略奪品の返却を命じていたが、命令に背いて自分の懐に入れる者が続出した。ついには回収を断念して、「略奪されたものについては、今後一切関知しない」と宣言せざるをえなくなった。書状には、そのような内容が記されている。

ただし、その記述のあとには織田信長を示す「上様」という言葉を使い、「上様からもらったものに関しては、証拠がはっきりしていれば元の持ち主に戻すように」とも記されていた。秀吉が信長を特別扱いしていたことがうかがえる。

この書状の調査に当たったのは先述の村井祐樹氏で、「秀吉の全国統一までの道のりは決して一本道ではなく、試行錯誤の末に政権を確立したことがよくわかる。また、本能寺の変のあとも信長の存在を無視できなかったことがわかり、貴重な発見だ」とコメントしている。

　本能寺の変のあとの流れを時系列で示すと、秀吉が山崎の戦いに勝利して明智光秀が滅んだ後、信長に仕えた文武の重臣たちは尾張国の清洲城（現在の愛知県清須市一場）で一堂に会し、今後について話し合った。本来であれば古参の武将である柴田勝家が中心となるところだが、勝家は北陸戦線にクギ付けで信長の弔い合戦に参加できなかった。そのため、清洲会議で一番の発言権を有していたのは弔い合戦の総指揮をとった秀吉だった。

　信長の後継者に誰を据えるべきか。年功序列に従うなら信長の次男である信雄か三男の信孝にすべきところだが、秀吉は信忠の長男、すなわち信長の嫡孫《ちゃくそん》にあたる三法師を強く推した。ときに三法師はまだ三歳。秀吉は三法師の後見人として権力を手中にし、少しずつ信長の痕跡を消していく。

　このため、後世の歴史家は秀吉は本能寺の変の知らせを受けたときから、織田家の傀儡化を意図していたとしてきたが、新たに見つかった書状からもうかがえるように、事はそ

▼織田家家系図

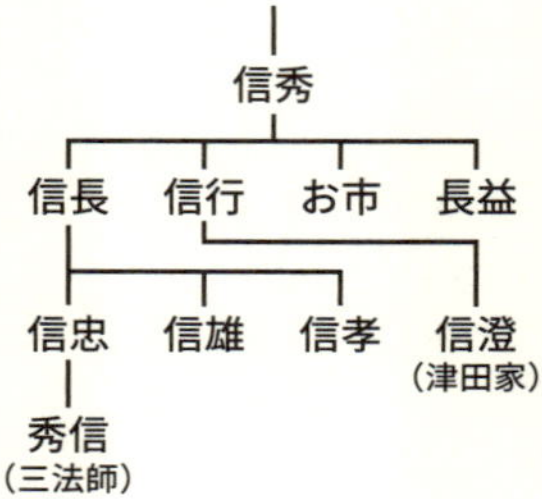

う単純ではなかったようだ。

選択肢はいくつもあった。秀吉としても〝忘恩の徒〟と呼ばれるのは本意ではない。いざ決戦となったとき、自分に味方する者と柴田勝家に味方する者のどちらが多いか。秀吉には周囲の動向を注意深く観察しながら事を運ぶ必要があった。書状の何気ない記述からも、秀吉が試行錯誤を繰り返しながら天下人への道を歩んでいったことがうかがえる。

坂本龍馬は暗殺五日前まで新国家プランに奔走していた

慶応三年（一八六七）一一月一五日、坂本龍馬は潜伏先の京都近江屋において、三三歳の若さで凶刃に倒れた。彼の功績については後世の虚飾が多く、亀山社中および海援隊の結成や薩長同盟の仲立ちを除いては不明瞭な部分が多い。そのため、高校の歴史教科書から名前が消される可能性も出てきているが、高知県がこのたび公表した龍馬の書簡はその非凡さを改めて示す内容を含んでいた。

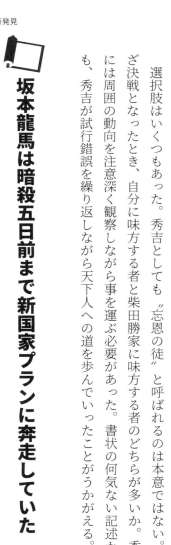

高知県は平成三〇年(二〇一八)が明治維新から数えて一五〇年になるのを記念して、「志国高知・幕末維新博」と題した歴史博覧会を計画。全国の史料を調査するなかで、龍馬が暗殺される五日前に記した直筆の書簡を発見したのだった。

江戸幕府の一五代将軍徳川慶喜から朝廷に大政奉還がなされたのは慶応三年(一八六七)一〇月一四日のこと。書簡はこの事態を受けて、龍馬から福井藩の重臣・中根雪江に宛てられたものだった。

ときの福井藩主松平慶永(春嶽)は開明的な名君で、朝廷と幕府が一致協力して難局を乗り越えることを主張。いわゆる公武合体、公議政体派の中心人物の一人で、龍馬のよき理解者でもあった。新政府でも何らかの要職につくことが有力視されていたため、龍馬がその重臣に意見書を提出したとしてもまったく不思議はない。

書簡のなかで龍馬は、春嶽の入京を「千万の兵を得たる心中」と歓迎の意を表したうえで、「新国家の御家計(財政)」担当者として福井藩士の三岡八郎(のちの由利公正)を推挙している。当時の三岡はその急進論を危険視され謹慎処分中だった。しかし、経済に非常に明るいことから、龍馬は「三岡の京都入りが一日遅れれば、新国家の財政成立が一日遅れてしまう」と切実に訴えたのだ。

ちなみに、由利公正はその後、明治政府の財政担当として敏腕ぶりを存分に発揮。龍馬の見立てが間違いでなかったことを実証している。

幕末維新期を研究する者たちがそれ以上に注目したのは、書簡にある「新国家」という言葉だった。数ある龍馬の書簡のなかで、「新国家」という言葉が確認されたのは初めてだったからである。この書簡を鑑定した京都国立博物館の宮川禎一上席研究員は、「龍馬が死の直前まで新政府の樹立、新国家の建設に専心していたことをよく示す、貴重な史料だ。龍馬と福井藩の関係の研究も進展する」とコメントしている。

高知県立坂本龍馬記念館学芸員の三浦夏樹氏も、縦一六センチ、横九二センチで一一月一〇日の日付が入ったその書簡を、「新国家」建設に向けて龍馬が尽力していたことを示すものとした。そのうえで、「数ある龍馬の書簡のなかでもひときわきれいで丁寧に書かれており、松平春嶽に見られることも意識したのでは。何よりも国家建設には財政・経済が重要で、その任を担えるのが三岡だという龍馬の考えが色濃く出ている」とコメントしている。別の研究者も、「龍馬が新しい国家の樹立を目指して活動していたことが明確になり、歴史的価値は極めて高い」と高い評価を寄せている。

たしかに〝剣豪〟だった坂本龍馬。皆伝書が見つかる

坂本龍馬は幕末の志士の代表格ともいえる人物だが、実際の剣の腕前のほうはどうだったのか。北辰一刀流という名のある流派で免許皆伝を受けたと伝えられるが、肝心な皆伝書が現存しなかったため、その腕前を疑問視する説もあった。

事実、慶応二年（一八六六）の寺田屋事件でも、その翌年の近江屋事件でも、龍馬は剣の腕前を発揮することはなかった。寺田屋で幕吏の襲撃を受けた際には、刀ではなく拳銃で応戦している。近江屋では愛刀を手にするが、鞘から刀を抜く間も与えられず頭部に致命傷を負わされた。この二つの事件は、龍馬の剣の腕前と免許皆伝に対する否定的な見方を補強する材料ともなっていた。

しかし、免許皆伝書は存在しないのではなく、行方知れずになっていただけだった。平

成二七年（二〇一五）、高知県に本社のある株式会社技研製作所の代表取締役、北村精男氏が所有していることがわかり、その後、高知の創造広場「アクトランド」内にある龍馬歴史館に寄託された。

その皆伝書は江戸の千葉道場から安政五年（一八五八）正月吉日付けで発行されたもので、坂本龍馬研究では著名な京都国立博物館の宮川禎一氏に鑑定を依頼したところ、他の剣術目録と共通性があることなどから、間違いなく坂本龍馬が道場主の千葉定吉より受けた免状（目録）であるとのお墨つきが得られた。

文久三年（一八六三）に龍馬が姉の乙女に宛てた手紙の中で、龍馬自身がこの目録の存在について言及していたこととあわせて、真贋論争にも終止符が打たれた。

やはり坂本龍馬は剣豪と呼べる人物だったのだ。

ただし、免許皆伝が得られたのは腰に帯びる刀剣についてではない。免状には「北辰一刀流長刀兵法目録」とあり、同時に免許皆伝を受けた者として道場主千葉定吉の娘である佐那、里幾、幾久らの名前が連なっていた。

ここにある「長刀」とは、長めの刀剣ではなく、薙刀《なぎなた》を指す。坂本龍馬は僧兵や女性が使うイメージが強い薙刀を得意としたことになる。薙刀も広い意味では刀剣の一種に違いないから、坂本龍馬はたしかに〝剣豪〟であったといえる。

右の免状はもうひとつ面白いことを教えてくれる。龍馬の許嫁ともいわれてきた千葉佐那の名前があったことで、彼女の名前が入った目録はこの一通だけ。それはまた、龍馬と佐那の接点を示す唯一の物証でもあった。

太宰治が芥川賞選考委員の佐藤春夫に送った4メートルもの〝懇願書〟

芥川賞は小説家を志す者にとって最大の登竜門。それは賞の設立当初も現在も同じだ。

芥川賞が設立されたのは昭和一〇年（一九三五）のこと。文藝春秋社を創業した菊池寛が旧友芥川龍之介を記念すると同時に、雑誌の発展、純文学の新人の発掘を目指して設けた文学賞で、選考は一年に二回とされた。第一回の受賞者は石川達三で、受賞作は『蒼氓《そうぼう》』。

このとき候補に選ばれながら、受賞を逃したなかに高見順や太宰治らがいた。

当時の審査員には幅広い作風で知られる佐藤春夫も名を連ねており、佐藤は昭和一一年に著した実名小説『芥川賞』のなかで、太宰治から「第二回の芥川賞は、私に下さいますやう、伏して懇願申しあげます」といった文面の懇願書が送られてきたことに言及していた。ただし、太宰治から佐藤春夫への手紙は、「芥川賞をもらへば、私は人の情に泣くでせう」と記されたものは現物があるため広く知られていたが、「伏して懇願」のほうは現物が確認されていなかったため、佐藤のフィクションではないかと疑問視する向きも多かった。

ところが近年、近代文学を専門とする実践女子大学教授の河野龍也氏が佐藤春夫の遺品を整理していたところ、長さ四・一メートルにもおよぶ巻紙が見つかり、そこには「第二回の芥川賞は、私に下さいますやう、伏して懇願申しあげます」「佐藤さん、私を忘れないで下さい。私を見殺しにしないで下さい」などと記されていた。差出人は太宰治で、日付は昭和一一年一月二八日。すでに確認されていた手紙より八日前に出されたものだった。

太宰治は佐藤春夫より一七歳年下。すでに文壇デビューを果たしていたものの、自殺未遂を起こし、東京帝国大学（現在の東京大学）仏文科も中退。鎮痛剤の副作用で身体が蝕まれ、借金もかさむばかりという心身ともに不安定な状態に置かれていた。

二人の出会いは第一回芥川賞の選考時で、佐藤から才能を高く評価されたことから、以来、太宰は佐藤を師のごとく慕い、親密な関係を続けていた。

新たに発見された手紙が出されたのは第二回芥川賞の選考会の直前。河野氏は「文学史上、欠けていた重要な部分が埋められた」と手紙の価値を位置づけたうえで、「太宰が相当に切羽詰まっていたことがよくわかる。プライドの高い太宰がここまですがるのは、二人の信頼関係の証ともいえる」とコメントしている。

専門家の間からは、これほど重要かつ目立つ手紙がこれまで公表されていなかったことに驚きの声が上がっているが、そこには太宰治のプライドと名声を傷つけてはいけないという佐藤春夫の心遣いが働いていたのかもしれない。

ちなみに、第二回芥川賞は「該当者なし（二・二六事件のため審査中止）」で、太宰治は時期を同じくして麻薬中毒に陥る。それでも創作活動を続けたのが太宰のすごいところで、昭和一四年ごろからは作風を平明なものに改め、同一五年には名短編『走れメロス』

を世に送り出している。

何度かの結婚と再婚を繰り返し、昭和二三年六月二三日に交際相手の山崎富栄とともに玉川上水で入水《じゅすい》自殺を遂げ、四〇年の生涯を終えた。

江戸川乱歩も筆が進まない「創作への苦悩」を経験していた

江戸川乱歩といえば、明智小五郎シリーズなどを著した日本における推理小説の草分け的存在として知られている。そのペンネームは推理小説やＳＦ小説の元祖とされるアメリカの小説家エドガー・アラン・ポーをもじったものだが、乱歩は日本において本家に優るとも劣らない功績を残している。

非常に多くの作品を世に送り出していることから、乱歩にはスランプなど皆無だったと思うかもしれないが、近年公表された手記からは創作に対する苦悩がうかがえる。

乱歩が晩年を過ごしたのは東京の池袋。その関係上、遺品は立教大学に寄贈されていた。

遺稿だけでも膨大な量である。その中から「独語」と題された未発表の手記を発見したのは近代文学を専門とする成蹊大学教授の浜田雄介氏だった。

四〇〇字詰め原稿用紙三八枚におよぶ「独語」には昭和一一年六月一八日から七月五日までの日付がつけられており、発表を前提とせずに書かれたものと見られる。

すでに人気作家となっていた乱歩だが、生活のために筆を休めることはできない。かといって、湯水のようにアイデアが浮かび筆がスラスラと進むわけではない。断続的にスランプに陥るのは避けられなかった。

単に原稿用紙を文字で埋めるだけならいくらでもできる。しかし乱歩は駄作を世に送り出すことに納得がいかず、「どうしてこんなに書くことができないのだろう。つまらないものにもせよ、少しでも情熱が出なければ人前に出す気になれない」などと、執筆の苦しみを告白している。

昭和一一年の六月から七月といえば、乱歩にしては珍しく連載の仕事がパタリと途絶え、書き下ろしの出版もなされていない。『黒蜥蜴』や『人間豹』など同時進行の連載を脱稿した直後だけに、強烈な疲労感に襲われていたのかもしれない。

とはいえ、現在の少なからざる小説家のように、口述筆記をするとかゴーストライターを立てるという方策を乱歩は好まず、あくまでも自分の手で書いたもの、自分が一から組み立てた作品を読者に届けることを自身の義務として課し続けた。

そうした心情を吐露するかのごとく、「独語」の末尾は小説家という存在について、「異端者である彼の心持を、どうかして他人に分かって貰おうとして、一生の間叫びつづけるものである。作品とはその叫び声の外のものではない」という一文で締めくくられている。安易な金儲けに走ることなく、初心を忘れず創作を続ける。乱歩はプロ意識の塊のような人物であった。

浜田氏も、「人気作家となっても、文学へのみずみずしい気持ちを失っていない乱歩の姿がうかがえる貴重な資料だ」と「独語」の内容に高い評価を与えている。

▼『怪人二十面相』の初版本
（大日本雄辯會講談社刊）

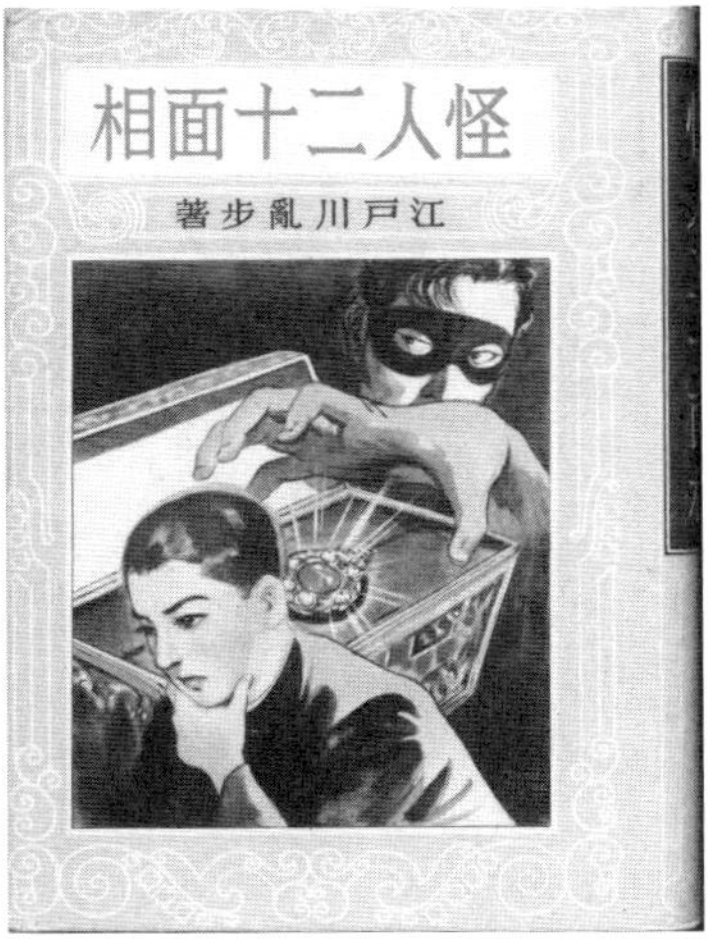

対米開戦通告が遅れたのは外務省による意図的なものだった

「昭和一六年（一九四一）一二月七日の真珠湾攻撃が宣戦布告前の奇襲攻撃となったのは外務省出先の怠慢が原因。攻撃三〇分前にするはずだった最後通告が、タイピングに手間取ったせいで攻撃開始一時間後になってしまったのだ」。従来はこのようにいわれてきた。

宣戦布告が遅れた原因については、六日の夜に在米日本大使館で送別会があったからとか、普段はアメリカ人女性スタッフにやらせていたタイピングを不慣れな日本人スタッフがやったためといわれているが、どちらにしても怠慢であることに変わりなかった。

結果としてアメリカ国民から「だまし討ち」と受け取られ、後々まで大きな非難にさらされることになってしまったのだから、その責任は極めて重大なものだ。

ところが近年、アメリカのメリーランド州にある米国公文書館で通説を覆す発見がなされた。

重大な発見をしたのは経営史と軍事史を専門とする九州大学教授の三輪宗弘氏で、二つの電報の発信記録が新たに日の目を見た。どちらも発信元は日本国外務省。在米大使館に宛てられた暗号電報をアメリカ海軍が傍受したのだった。

電報が発せられた時間は、一通目がアメリカ東部時間で一九四一年一二月七日の午前〇時二〇分、二通目が午前一時三二分である。

平時であれば何でもないことだが、日米間の緊張が極度に高まっていた時期だけに、この電報の存在と時刻には重大な意味が秘められていた。

日本軍による真珠湾攻撃が開始されたのはハワイ時間では一二月七日。アメリカは国内でも時差があるため、東部時間では一二月八日の未明だった。

対米開戦を告げる覚書は長文のため、一四部に分けて発信された。第一部から第一三部までは一二月六日の午前八時から同一一時二五分にかけて発信されたが、その内容は従来の日米交渉を確認するにとどまり、交渉の打ち切りについては言及されていなかった。

もっとも大事な第一四部が発信されたのは、第一三部の発信から約一五時間後のこと。当時のタイプライターは途中で挿入や訂正ができないため、在米大使館は一四部がそろってようやくタイピングによる清書を始めたことになる。しかも訂正電報が二度にわたって送られているから、その都度、最初から打ち直したはずだ。これでは、アメリカのハル国務長官に対して真珠湾攻撃より前に覚書を渡すことなどできるはずがなかった。

三輪氏が発見した二通の電報はどちらも訂正電報だった。第一部の発信からすでに半日以上が経過している。真珠湾攻撃の日時は一週間前には決定していたから、開戦通告の遅れは出先機関によるものではなく、本国外務省の過失ということになる。

実はこのことを裏づける証言は過去にも存在していた。元ニュージーランド大使の井口武夫氏が二〇〇八年に刊行した『開戦神話　対米通告はなぜ遅れたのか』（中央公論新社）の中で、真珠湾攻撃時に在米大使館の一等書記官を務めていた奥村勝蔵氏から聞いた話として、「夜半までに一三通が出そろったが、あとの訂正電信を待ちあぐんでいた」という陳述に言及している。

それにしても、外務省はなぜそのような行動に出たのか。意図的に電報の発信を遅らせることに、どんな意味があったのか。いったい誰にどんなメリットがあったのか——。

真珠湾攻撃時の外務大臣は東郷茂徳で、同じく鹿児島県出身ながら日露戦争の日本海海戦を勝利に導いた東郷平八郎と血縁はない。一貫して外交畑を歩んできた彼は、戦後の極東国際軍事裁判において海軍が無通告攻撃に固執したと弁明しており、それが本当であれば、海軍の顔を立てるために電報を遅らせたことになる。

一方、ほかの被告たちからはこの弁明に強い反発が寄せられており、真相はいまだ藪の中だといえる。

第2章

「美術品鑑定」で見つかった新発見

文字文化の受け入れは弥生時代から!?
福岡で硯の破片が見つかる

日本で文字の使用が開始されたのは紀元三世紀のこと。邪馬台国が中華王朝に使節の派遣を繰り返したころだと推測されていたが、これまで物証を欠いていた。待望の物証が発見されたのは平成二八年（二〇一六）二月のこと。発見場所は福岡県糸島市の三雲・井原遺跡で、紀元一～二世紀の弥生時代後期のものと見られる硯《すずり》の破片が出土したのだ。

三雲・井原遺跡は中国の歴史書、いわゆる「魏志倭人伝」に登場する「伊都国」の中枢で、伊都国には「代々王がいて、ずっと女王国の支配を受けてきた」「帯方郡からの使者が行き来をする場合、いつもここにとどまる」（今鷹真・小南一郎訳『正史三国志４　魏書Ⅳ』ちくま学芸文庫）とも記されている。女王国とは卑弥呼を女王と仰ぐ邪馬台国のことにほかならず、帯方郡とは中国の後漢王朝が朝鮮半島北部に新設した出先機関。邪馬台国と魏・西晋王朝のやりとりは、すべてそこを通して行われた。

その帯方郡からの使者の宿泊地であったのなら、中枢であった三雲・井原遺跡から古代日中交流の痕跡が数々出土するのもなんら不思議ではない。

数ある出動品のなかで関係者の注目を集めたのが、板石状で縦六センチ、横四・三センチ、厚さ約六ミリの片面が研磨された硯の破片だった。

いうまでもないことだが、硯は墨汁をつくるための文具であり、その目的は文字を書くこと以外にありえない。文字文化の伝来を示す重要な証拠だといえるのだ。

ただし、硯の発見が文字文化の定着を示すとまではいえないため、九州考古学界の重鎮である九州大学名誉教授の西谷正氏も、「硯は文字を書く道具であり、弥生時代に文字を書くことが始まっていたことを裏づける」としながら、「文字を使ったのは楽浪郡の人で、在地の人にはまだ定着しなかったのではないか」と慎重な言い方をしている。

ここに名が出た楽浪郡は前漢の武帝時代に設けられた出先機関で、ほぼ同時期に設けられたほかの三郡が短命に終わったのに対し、楽浪郡だけは四世紀にもまたがる命脈を保った。ただし、時期によってその行政範囲は大きく変わり、紀元二〇四年には南北に二分され、南の方が帯方郡と命名された。このような経緯から、楽浪郡と帯方郡を併せて楽浪郡と総称することもあり、西谷氏のコメントもその一例だといえる。

伊都国については、「魏志倭人伝」の中にもう一つ興味深い記述がある。

「女王国より北の地域には、特別に一大率が置かれて国々を監視し、国々はそれを畏れている。一大率はいつも伊都国に役所を置き、国々の間でちょうど中国の刺史《しし》（地方官）のような権威を持っている。倭王が京都や帯方郡や韓の国々に使者を送る場合、あるいは逆に帯方郡からの使者が倭に遣わされるときには、いつも港で荷物を広げて数目を調べ、送られる文書や賜り物が、女王のもとに着いたとき、まちがいのないように点検をする」（同前）。

中国の刺史は郡の上に置かれた州という行政単位の長官だから、一大率も大変な権限を有していたことになる。なおかつ一大率は文字の読み書きができた。だが、そのことを示す物的証拠はこれまで見つからずにいた。

残念ながら、今回の硯の発見も決定的な証拠とはならない。帯方郡からの使者の持ち物だったとすれば、日本に文字文化が定着していたことの物証とはならないからだ。

しかし、「魏志倭人伝」の記述が真実であれば、日本の支配層の一部に漢字を理解できる者がいたわけで、今後の発掘調査で世間をあっと驚かせる歴史的な発見がないとも限らない。その日が一日も早く訪れることを期待したい。

飛鳥時代には極彩色だった中宮寺の半跏思惟像

奈良県斑鳩《いかるが》町を訪れた者は誰しも法隆寺に足を運ぶ。国宝に指定されている五重塔や金堂、夢堂などを鑑賞したのち、すぐ東隣にある中宮寺《ちゅうぐうじ》を訪れる人も少なくないだろう。これは厩戸皇子こと聖徳太子が母親の穴穂部間人《あなほべのはしひと》皇后のために建立したと伝えられる寺院である。中宮寺の名は太子の住まいであった斑鳩宮と岡本宮《おかもときゅう》、葦垣宮《あしがきのみや》の三つのちょうど中間に位置していたことによっている。

中宮寺で最大の見ものは、本尊で国宝にも指定されている木造の半跏思惟像《はんかしゆい》である。寺の伝承では如意輪観音とされているが、現在では弥勒菩薩とする説が有力。「半跏」は片脚を上げた座り方、「思惟」は物思いに耽《ふけ》ることを意味している。

如意輪観音と弥勒菩薩のどちらが正しいにしろ、それが修行中のお釈迦様、すなわち菩薩像であることに変わりはなく、右足を左膝の上にかけ、左手は右足首に添え、右手は肘を右膝の上について指先で軽く右頬に触れる形で座る半跏思惟の相は清純にして気品に溢れ、得もいわれぬオーラを発している。

多くの人が中宮寺の木造菩薩半跏像に魅了される理由はそれだけではない。その仏像が飛鳥時代の彫刻の最高傑作であると同時に、わが国の美術史上数少ないアルカイックスマイル（古典的微笑）をたたえていることも大きな要因だ。エジプトの大スフィンクスやレオナルド・ダ・ヴィンチの『モナ・リザ』と並び、「世界の三つの微笑像」に数えられることさえある。

半跏思惟像を前に時を忘れる人も少なくないが、観察力の鋭い人であれば、漆黒に輝く美しい像の額や胸、お腹などに小さな穴があること、左足の裏だけ他の部分と色が違うことに気づくだろう。これはいったい何を意味しているのか。

▼半跏思惟像（中宮寺）

実のところ、建立当時と現在では半跏思惟像には大きな違いがある。小さな穴や色の違いは本来の姿の名残なのだ。

建立当時と現在との大きな違いは二つある。一つは華美な装飾品がたくさんつけられていたこと、もう一つは仏像本体ばかりか、仏堂全体が極彩色で覆われていたことである。

それまで、仏像は一本の木や一個の石を削って造るものだったが、中宮寺の半跏思惟像は分けて造られたパーツをあとで組み立てる方式がとられた。こうすればさまざまな装飾品をつけることも容易で、半跏思惟像にいくつもある小さな穴は、装飾品が抜け落ちた名残りにほかならないのだ。

また、建立当時は悟りを開いたお釈迦様が金色に輝いたとの伝承から、半跏思惟像ばかりか仏堂全体が極彩色で覆われていた。このことは最新技術を駆使した分析からも裏づけられている。足の裏にある色の違いは本来の色の名残で、建立当時の半跏思惟像は、荘厳ながら現在のシックな姿とはほど遠かったのだ。

春日大社が所蔵する最古級の日本刀、実は金無垢だった

奈良の春日大社が所蔵する国宝の金地螺鈿毛抜形太刀《きんじらでんけぬきがたたち》は、その繊細な彫金や螺鈿細工から国内工芸の最高傑作とされている。長さ九六・三センチ。製造されたのは平安時代で、寄進者は藤原摂関家の誰かとしかわかっていないが、柄に毛抜きの形の透かしがあり、鞘《さや》には夜光貝などによる螺鈿で猫の意匠が施されている。そこから、毛抜形の太刀を儀式で使う天皇の警護役「衛府《えふ》」のトップで、猫好きでも知られる藤原頼長のものだったとする説が有力視されている。

藤原摂関家とは、蘇我入鹿打倒の政変（乙巳《いっし》の変）で中心的な役割を担った藤原鎌足の子孫にして、南家・北家・式家・京家の四大家系のうち北家の流れを汲み、そのなかでも幼少の天皇に代わって執務を行う摂政や、天皇を補佐して政務を執行する関白の職を世襲してきた家系を指す。摂政関白は嫡男に継がせるのが慣例であり、嫡男が凡庸であれば、庶子（側室の子）や次男、三男のなかで特別優秀な者を氏長者（氏族の統率者）として、

摂政関白の上に位置づけることもある。頼長の場合はまさしくその例だった。

頼長は最終的には左大臣にまで上り詰め、能力や野心がずば抜けていたことから、畏敬の念を込めて、「悪左府《あくさふ》」の異名で呼ばれた。父忠実や兄忠通と仲違いし保元一年（一一五六）の保元の乱で身を滅ぼすが、単なる権力の亡者ではなく芸術や文化への造詣が深く、藤原氏の氏社《うじのやしろ》であった春日大社にも多大な寄進を行ったと推測されている。

寄進者が藤原道長か否かに関係なく、摂関家からの寄進物であれば粗末な代物であるはずがない。金地螺鈿毛抜形太刀は造形も素晴らしく、国宝に指定されたのも納得の逸品。約九〇〇年の歳月を経ても輝きを失わない秘密を探ろうと、二〇一三年になって春日大社が成分分析を奈良文化研究所に依頼。その結果、驚くべきことが判明した。

コンピューター断層撮影（CT）による内部構造の調査、金属の成分を調べる蛍光エックス線分析を三年がかりで実施したところ、柄《つか》や鍔《つば》、鞘《さや》に使われた金具が純金（24K）に近い22〜23Kとわかったのだ。わずかながら銀や銅も検出されたが、ほぼ純金に近く、金無垢といっても間違いではない。古代の太刀で金具が金無垢と確認されたのはこれが初めてだった。

これには研究者たちも興奮の色を抑えきれず、工芸史が専門の奈良大学教授の関根俊一氏も、「太刀が国宝中の国宝ともいえる工芸品とわかった。平安期の藤原摂関家の権勢を感じさせるとともに、類例のない猫の意匠にも強い個性が反映されている」とのコメントを発している。

藤原頼長は御堂関白と呼ばれた藤原道長から数えて六代目の子孫。世は摂関政治から院政へと変わり、摂関家の権勢も傾くばかりだったが、芸術の保護者としての使命は捨てずにいた。春日大社所蔵の金地螺鈿毛抜形太刀は、摂関家の矜持の表れだといっても過言ではない。

ちなみに春日大社の創建は奈良時代の神護景雲《じんごけいうん》二年（七六八）で、祭神は武甕槌命《たけみかずちのかみ》、経《ふ》津主命《つぬしのかみ》、天児屋根命《あめのこやねのみこと》、比売神《ひめがみ》の四柱（柱は神を数えるときの単位）。前二者は武神で、天児屋根命は神事と政治を守り導く神、比売神は天照大御神《あまてらすおおみかみ》自身とも天児屋根命様の妃神《きさきがみ》とも伝えられ、平和と愛の神とされた。つまり、春日大社には平城京とそこを中心とした天下の秩序を守護する役割が期待されていたのだ。

国宝の仏画「黄不動」の腹には〝ミニ黄不動〟がいた

胎内仏《たいないぶつ》というのをご存じだろうか。ロシアの郷土玩具マトリョーシカの仏教版、簡易版というべきもので、仏像の胎内にもう一つ小型の仏像が納められているものをそう呼ぶ。

その目的については、仏像にお釈迦様の魂を籠《こ》めるためともいわれるが、確かなことはわからない。ただし、これまでにも法隆寺西円堂の乾漆造丈六薬師如来座像の胎内に薬師如来の小金銅仏、奈良薬師寺の薬師如来三尊の左脇侍《きょうじ》からは誕生仏が発見されるなど数多くの事例がある。そのことから、胎内仏に特別な思いがこめられていたことは間違いないだろう。

近年も愛知県あま市の甚目寺《じもくじ》に伝わる愛染明王坐像《あいぜんみょうおうざぞう》や高野山に伝わる毘沙門天立像から胎内仏が発見されて話題を呼んだ。

愛染明王坐像の内部から発見された胎内仏は剥き出しではなく、カプセル状の木製容器に納められており、名古屋市博物館は「容器内から見つかったのは全国初ではないか」としている。

胎内仏は木製で、高さは六・六センチ。愛染明王坐像と同じ容姿で、六本の腕を持ち、座禅を組んでいて、全身がほぼ朱色、衣は青や緑で塗られていた。容器は球形のヒノキ製で、直径約一〇センチ。制作時期は愛染明王坐像と同じく鎌倉時代後期と考えられている。

ちなみに愛染明王とは、愛欲などの迷いがそのまま悟りにつながることを示す密教の神で、外見が憤怒暴悪の相をとりながら、内面は愛をもって人々を善導する。三目六臂《さんもくろっぴ》で、種々の武器を手にした姿で表される。

胎内仏の発見は修復時がほとんどで、高野山の毘沙門天立像も例外ではなかった。高さ二六九・四センチの胎内から、高さ四四・四センチという比較的小柄な毘沙門天像が発見されたのは平成一四年（二〇〇二）のことだった。

毘沙門天は仏教の護法神《ごほうじん》にして北方を受け持つ。本来はヒンドゥー教の神であったのが仏教に取り入れられ、四天王の一角を担うこととなった。日本では単独で祀られることも多く、奈良の信貴山朝護孫子寺《しぎさんちょうごそんしじ》や京都の鞍馬寺のように毘沙門天を本尊とするところも少なくない。

さて、高野山の毘沙門天立像だが、これは白檀《びゃくだん》材と思われる堅木《かたぎ》を用いて制作されており、胎内納入仏として発見された毘沙門天像の最古の例で、いろいろな意味で珍しい作品である。

胎内仏について語るなら、京都市左京区の曼珠院《まんじゅいん》に伝わる国宝の仏画「不動明王像」にも触れておかなければならない。仏像ではなく仏画だが、広義には胎内仏だといえる。曼珠院の不動明王像は全身が黄色で彩色されているので、黄不動とも呼ばれる。胎内仏を発見したのはこの道二五年の熟練修復師、伊加田剛史氏だった。

発見のきっかけは科学的な分析ではなく、職人としての直感だった。

「お腹のあたりにもやもやしたものがあり、ただの汚れではなさそうだと感じた」

かくして少しずつ水で湿らせ、ピンセットで紙をほぐしていく「乾式肌上げ法」という比較的新しい修復技法で解体作業を行い、裏面から赤外線透過撮影したところ、薄墨で描かれた右手に剣を持つ縦一二〜一三センチほどの黄不動の姿が発見されたのだ。

このミニ黄不動について専門家は、「御衣絹加持《みそぎぬかじ》」という儀式の痕跡ではないかとしている。これは材料の絹地から穢れを除き、霊性を持たせるために、仏画を描く前に僧侶が香水（神聖な水）で仏像の姿を描く儀式のことで、通常は痕跡が残ることはない。しかし、黄不動の場合、薄墨で下書きされた上に清書されたため、儀式の痕跡が残ることになったようだ。非常に珍しく、当時の仏画制作手順を知るうえでも有意義な発見だった。

足利尊氏の顔はこれで決まり？
中世肖像画の写しを発見

室町幕府を開いた足利尊氏の肖像といえば、かつては鎧を着て黒い馬にまたがるざんばら髪の騎馬武者像がよく使われていた。歴史教科書にも掲載されていたので、すぐに思い浮かべられる人も多いだろう。

しかし、この肖像は江戸時代後期の博物図録集「集古十種《しゅうこじっしゅ》」で紹介されているもので、そこでは単に「騎馬武者像」と記されている。これを足利尊氏の肖像としたのは歴史学者で東京帝国大学名誉教授の黒板勝美氏で、時は大正九年（一九二〇）のこと。早くから疑問視する者も多く、昭和一二年（一九三七）には美術史家の谷信一氏、同四三年には古文書学の大家である荻野三七彦氏から異議を唱えられていた。

これら先達の研究を受け継ぎながら、完全否定したのは中世史が専門の東京大学教授、黒田日出男氏だった。絵図や絵巻などを歴史史料として読解する作業を重ねてきた黒田氏の論考は明快で、京都国立博物館所蔵の騎馬武者像が足利尊氏ではない根拠として以下の三点を挙げている。

一、花押（署名）が尊氏の息子で二代将軍となった義詮《よしあきら》のものであること
二、太刀と馬具に描かれている家紋が足利家のものではないこと
三、矢が折れ、太刀をかついだ姿は将軍にしては異様であること

いわれてみれば、なるほどその通り。黒板氏が何を根拠に足利尊氏としたのか疑念は強まるばかりである。

それでは、肖像画に描かれている人物は誰かといえば、現在のところもっとも有力視されているのは、足利家の執事であった高師直《こうのもろなお》か、その息子の師詮《もろあきら》とする説である。計略に

優れていただけに他人から憎まれることも多く、尊氏・直義兄弟が仲違いを起こすなかで、父子そろって非業の最期を遂げた。ざんばら髪も敗走時の姿を考えれば説明がつく。

京都国立博物館所蔵の騎馬武者像が足利尊氏ではないとしたら、尊氏の容貌を現在に伝える文化財は存在しないのだろうか。

実はこれが存在する。広島県尾道市の浄土寺所蔵の「絹本著色《けんぽんちゃくしょく》足利尊氏将軍画像」と大分県国東《くにさき》市の安国寺所蔵の「木造足利尊氏坐像」がそれだ。

どちらも鼻が大きく、垂れ目なところが共通しているが、二点だけで尊氏の顔がこれだと特定するのはためらわれる。「せめてもう一、二点発見されればよいのだが」と関係者一同が朗報を待っていたところ、二〇一六年一〇月、新たな肖像画が発見された。

発見したのは東京都港区で古美術店「古美術白水」を営む寺崎正氏で、骨董品の交換会で入手した掛け軸を表具師に頼んでクリーニングしたところ、たまたま来店した栃木県立博物館の学芸員本田諭氏の目にとまり、尊氏の肖像と判明したのだ。

確認された「足利尊氏像」は縦八八・五センチ、横三八・五センチで、鼻が大きく垂れ目なうえに、上方に十数行にわたって画中の人物の来歴をつづった文章があった。そこに尊氏の諡号《しごう》（おくりな）の一つである「「長寿寺殿」の文字と、尊氏の業績として知られる国内六六の州に寺や塔を建立した旨が記されていたことから、尊氏の肖像画に間違いないと鑑定された。

来歴の文章に単純な誤記があることから、この肖像は尊氏の死後間もない一四世紀末に描かれた原本をもとにした一五世紀の模写である可能性が高いが、尊氏の容貌を後世に伝えるという点でかけがえのないものであることに変わりはない。関係者一同、興奮を隠せず、本田学芸員は「寺崎さんの手に渡っていなかったら、発見されず世に出ることがなかったかもしれない。われわれにとっても作品にとっても幸運だった」と話し、東アジア絵画史が専門の板倉聖哲氏も、「木像の顔貌と似た肖像画が出現したのは、尊氏像の議論にとっても重要な発見」と高い評価を与えている。

日光東照宮の陽明門に込められていた幕府からの〝メッセージ〟

日光東照宮は江戸幕府の二代将軍徳川秀忠のときに建造され、三代将軍家光により大改造工事が行われて現在の姿となった。正門にあたる陽明門も本来は朱色を基調としたごく普通の質素な門だったが、家康の二一回忌にあたる寛永一三年（一六三六）に向けての工事で豪華絢爛なものへと改められた。では、家光はいったい何を意図してそのような大改造を行ったのだろうか。

徳川将軍家の偉大さを誇示するため、というのももちろんある。織田信長や豊臣秀吉の世に優る建築物を残さなければ面目が立たない、江戸幕府の沽券《こけん》にかかわるとの対抗意識があったことは確かだ。安土桃山時代の芸術を超えるには、造りにおいても色彩においても、より手の込んだものにする必要があった。

だが、陽明門にはそれ以外の意図も込められていた。家光と幕閣たちの意図がもっとも鮮明に表されているのが、極彩色で彫られた獅子や龍、麒麟などの霊獣や伝説上の動物五

○八体に交じってちりばめられた多くの人物像だった。

陽明門に彫られたのは孔子や老子のような古代中国の思想家から、周公旦《しゅうこうたん》や張良のような建国の功臣、西王母《せいおうぼ》や東方朔《とうほうさく》に代表される伝説上の神仙、さらには遊びに興じる子どもたちまで、実に多種多様な人物におよんでいる。一見したところ無関係に思えるかもしれないが、実はそこには共通のキーワードがある。それが「泰平」、もしくは「平和」だ。

子どもたちが無邪気に遊べるのは泰平の世だからこそで、乱世を終息へと導いた建国の功臣たちはその泰平の世を築いた功労者といえる。古代の思想家が目指したのも、いかに安定した平和な世を築くかということで、神仙たちが暮らすのも何の不安もない平穏な世の中とされた。つまり陽明門の人物彫刻には、泰平の世を子々孫々まで継続させたい。そんな思いが込められていたのだ。

天下統一は徳川家康の代になされたが、三代家光が親政を開始した当初は豊臣恩顧の大名や遠国の外様大名が健在で、さらにはキリシタンや浪人の存在など、江戸幕府の屋台骨を揺るがしかねない不安定要素が数多く存在した。そうした不安定要素を根本的に取り除くには、下剋上の時代が完全に終わり、守成の時代に移行したこと、すなわち平和と秩序を重んじる泰平の世へ移行したという考えを周知徹底させる必要があった。

家光はそのためにアメとムチを使い分けた。孔子を祖とする儒学を奨励したのは前者にあたり、ほとんどいいがかりのような形で断行した諸大名の改易(領地・官職・財産の没収)が後者にあたる。

儒学の教えでも、孔子に次ぐ聖人に位置づけられる孟子の教えには二面性があった。一方の極には君主への忠と両親への孝を最高の徳とする教えがあり、もう一方の極には無道な君主は暴力を駆使してでも排除してよいとする革命肯定論がある。だが、家光時代の江戸幕府は後者を無視し、前者のみを強調する

▼日光東照宮の陽明門

政策を推進した。

寛永九年（一六三二）、江戸の上野忍ケ丘にある林羅山の家塾内に孔子廟が建てられたのもその一環で、元禄四年（一六九一）にはこれが湯島へ移転。現在の湯島聖堂の前身となった。

林羅山は家康以下、四代の将軍に侍講《じこう》（教育係）として仕えた儒者で、陽明門の大改造に関しても何らかの形で関与していたと考えられる。林羅山は儒学のなかでも大義名分と君臣の絆を重んじる朱子学の信奉者であったから、徳川の世を万世のものとしたい幕府と考えが一致していたわけだ。

葛飾北斎の「赤富士」。どこからならそう見えるのか？

葛飾北斎は江戸時代を代表する浮世絵師である。浮世絵とは風俗画のこと。描く対象は人物の場合もあれば、風景の場合もある。

北斎の数ある風景画のなかでもっとも有名なのは『富嶽三十六景』である。富士山とその周辺を描いた作品集で、点数は三六ではなく四六図ある。

『富嶽三十六景』のなかでも一段と際立ち、「シリーズの三役」と称されるのが「山下白雨」「神奈川沖浪裏」「凱風快晴」の三点で、「凱風快晴」は「赤富士」という俗称のほうが通りがいい。

「赤富士」とはその名の通り、青空を背景に山全体を赤く染めた富士山を描いた作品だが、これはいったいどの季節、どの時間帯、どの方角から見た富士山なのか。

北斎は約九〇年に及ぶ生涯に九三回の引っ越しを重ねながら、生まれ育った隅田川東岸を離れたことがほとんどなかった。そのため、「赤富士」はまったくの想像か、先達の風景画や紀行文をもとに描いた可能性もなくはない。

しかし、出不精の北斎も生涯に一度だけ上方へ旅をしており、その際には東海道を通ったはずだから、富士山を自分の目で確かめたことは間違いない。富士山全体が赤く染まるのを自分の目で確認したかどうかはわからないが。

富士山全体が赤く染まるのは夏から秋にかけての、晴れた日の早朝に限られる。北斎の関西への旅がその季節だったとしたら、北斎はその現象を目にしていた可能性が高い。「赤富士」の正式なタイトルは「凱風快晴」だが、ここにある「凱風」とは南風のこと。夏から秋にかけての天気のよい早朝に南風が吹けば、全体が赤く染まった富士山を拝めるだろう。

北斎は雅号を三〇回も改めるなど、妙なこだわりのある人物。二〇歳でデビューしたときには師匠の姓を借りて勝川春朗と名乗り、北斎の雅号を使い始めたのは三九歳のとき。『富嶽三十六景』を描いたのは七二歳から七六歳にかけてのことだった。

北斎の画風は年齢を重ねるとともに変わり、七五歳で『富嶽百景』を描き始めたときには、その後書きに「七十年前画く所は実に取に足ものなし」（七〇歳前に描いた絵は、実に取るに足らないものだった）と記している。八〇歳前後には浮世絵から離れ、肉筆画に専念するようになった。版画の下絵では満足できなくなったようだ。

とはいえ、八〇歳より前の作品が見劣りするわけでは決してない。事実、『富嶽三十六景』をはじめする北斎の作品はフランス印象派の画家たちに強い影響を与え、フィンセント・ファン・ゴッホの『ひまわり』やクロード・モネの『睡蓮』を生み出す大きなインスピレーションとなった。

科学調査で坂本龍馬の愛刀が「ホンモノ」と認定される

坂本龍馬が潜伏先の京都の醤油商「近江屋」で暗殺されたのは、慶応三年一一月一五日（新暦一八六七年一二月一〇日）のこと。実行犯については旗本や御家人からなる京都見廻組とする説が有力視されているが、この説に疑問を呈する向きも多い。

ここでいう旗本や御家人はともに禄高一万石以下の将軍直属の家臣を指す言葉だが、両者には「御目見《おめみえ》」（将軍に謁見する資格のある者）以上か以下かで格式上の歴然たる差があった。

前述の通り、薙刀とはいえ坂本龍馬は北辰一刀流の免許皆伝という剣術の達人だった。北辰一刀流とは幕末三剣士の一人に数えられる千葉周作が家伝の北辰夢想流と江戸時代初期の伊藤一刀斎景久に始まる一刀流を折衷させて生み出した剣術の流派で、幕末には門弟三〇〇〇人以上を抱える一大流派となっていた。

そこで免許皆伝と認められたのだから、龍馬の腕前も相当なものだったはずだが、残念ながら近江屋で刺客に襲われたとき、龍馬には愛刀の「陸奥守吉行」を鞘から抜く間さえなかったと見える。刺客たちも龍馬に優るとも劣らない達人ぞろいだったのだろう。

龍馬の愛刀はその名の通り、通称「陸奥守吉行」という刀工により鍛えられたもの。陸奥守吉行は江戸時代中期の人で、本名を森下平助という。現在の福島県相馬市の出身だが、大坂で修業を積み、一流の刀工へと成長した。

陸奥守吉行には土佐藩に雇われていた時期があった関係上、坂本家にも名刀一振りが伝えられ、龍馬の兄権平が管理していた。龍馬から刀剣拝領の願い書を受け取った権平は、たまたま土佐を訪れていた西郷隆盛にそれを託し、龍馬と同じ土佐出身の中岡慎太郎の手を経て、慶応三年三月二〇日、ついに龍馬の手へと渡った。

龍馬が刺客の手で討たれたのは、それからわずか八か月後のこと。龍馬が床の間に置いてあった愛刀を手にしたときには刺客がすでに目の前に迫っており、龍馬は愛刀を鞘から抜ききらない状態で凶刃を受けねばならなかった。そのため鞘から刀身にかけて三寸（約九・一センチ）が削り取られることとなった。

事件後、龍馬の愛刀「陸奥守吉行」は藩命により、長船宗光・勝光合作の脇差とともに坂本家を継承した甥の小野敦輔の家に伝えられた。小野敦輔の跡取り弥太郎が北海道へ移住したときには愛刀も携行したが、その後火災に遭い、鞘は完全に失われ、刀身も大きく変形してしまった。室蘭の刀工に修復をしてもらった後、京都国立博物館に寄贈されたが、本来の姿から大きく変形してしまったため、刀身の反りが小さく、刃文《はもん》（焼き入れで刀身に生じる模様）も「陸奥守吉行」と異なることなどから、これは偽物ではないかとする懐疑論者も少なくなかった。

しかし近年、京都国立博物館に寄贈されたときに書かれた書類が高知県立坂本龍馬記念館の調査で見つかり、火災に遭った際に変形したことや、研ぎ直された経緯が判明したこと、さらには研ぎ直しで見えにくくなっていた刃文が最新機器で確認されたことから、龍馬の愛刀「陸奥守吉行」の実物と見て間違いないとの結論が下された。科学の力がなければ、いつまでも懐疑論につきまとわれていたに違いない。

現在の刀身は二尺二寸（六六・一センチ、反りは五厘［〇・一五センチ］）。京都国立博物館で拝むことができる。

ついに発見⁉　西郷隆盛の肖像画

幕末維新に活躍した人物のほとんどは肖像写真を残しているが、誰もが名前を知る大物でありながら、写真を一点も残していない人物が一人いる。薩摩の西郷隆盛である。

当時は写真機に魂を吸い取られるという俗信もあったようだが、西郷もそれを信じていたのかどうか、本当のところはわからない。脅えていたのではなく、単に興味がなかった可能性もある。

写真はなくても、西郷隆盛といえばイタリア人銅版画家のキヨソーネが描いた肖像画や上野公園の銅像がある。だが、実はこのどちらも現実を反映したものではない。

キヨソーネは西郷隆盛に会ったことがなく、隆盛の実弟従道と甥の大山巌の顔をもとに想像力を働かせて描いたのであって、上野公園の銅像にしても事情は似たり寄ったりだった。銅像の除幕式に招かれた夫人は思わず、「うちの主人はこんな人ではなかった」と不満を漏らしていたという。

西郷隆盛の肖像画といわれるものは何点か存在するが、それらはすべて西郷と面識のない人物が描いたもの。伝え聞いた情報だけで描いた〝モンタージュ〟とも呼ぶべき代物だ。西郷と面識のある人間が残した肖像画はないものか。多くの研究者や好事家《こうずか》が八方手を尽くして探し回るなか、平成一五年（二〇〇三）、大分県日田市で待望の肖像画が発見された。

その肖像画を描いたのは平野五岳という画僧で、大久保利通に頼まれ、挙兵を思いとどまらせようと西郷に面会したというから、そのとき目に焼き付けた肖像をスケッチで残し、没後一〇年経ってから仕上げたものと見られている。平野が描いた西郷はキヨソーネのものに似ていながら、より温厚な印象を受ける。

平野が描いた肖像画の鑑定を依頼されたのは中国文学を専門とし、仏教美術にも造詣の深い大谷大学名誉教授の河内昭圓氏で、肖像画に描かれた「丸に十の字」の薩摩藩の紋付羽織が、鹿児島市にある西郷南洲顕彰館で保存されている遺品の紋付羽織と同じものであることが決め手とされた。

西郷の肖像画はこれだけではなく、平成二九年（二〇一七）には鹿児島市在住の古美術

〒162-0056 東京都新宿区若松町12-1　☎03(3203)5121　FAX 03(3207)0982

第97回「言葉にしましたが、何か?」の巻

収集家が所持していたものが、西郷の肖像画であることが判明した。

西郷隆盛研究家の富永重巳氏によれば、「画の構図やタッチは、明治初期に活躍した日本画家の服部英龍の画に似ているものの、やわらかい表情はこの画独自のもので、画の中の御印から英龍の弟子・雲龍が残したもの」であるという。

服部英龍は鹿児島の出身で、西郷とも面識があることから、英龍が描いた下書きを雲龍が仕上げたということが考えられる。髪の毛からもみあげ、ほおひげ、あごひげまでつながったその容貌は、優しさと温かみをたたえてさえいる。

この肖像画は鹿児島県枕崎市の一般民家に保管されていたというから、鹿児島には他にも人知れず眠っている西郷の肖像画がまだまだ存在するかもしれない。

▼服部英龍「西郷隆盛像」
（鹿児島市立美術館所蔵）

松方コレクション「幻」の953点、英国でリストが発見される

イギリスで「幻のコレクション」のリストが発見された。この驚きのニュースが報じられたのは平成二八年（二〇一六）九月初めのことだった。

リストはＡ４判のタイプ打ち原稿一五枚からなり、作品の総数は九五三点。内訳は絵画二五五点、版画五五四点、彫刻一七点で、作家や主題、評価額などの項目があり、マネの『闘牛士』やゴッホの『花瓶の花』なども含まれていた。

この「幻のコレクション」とは、実業家の松方幸次郎が蒐集した約一万点の美術品のうち、ロンドンの倉庫に保管されていた九五三点で、現物は一九三九年の火災で焼失していた。ところがこのたび、ある画商の遺族からロンドンのテート美術館附属施設に寄贈された文書の中から、明細の記されたリストが発見されたのである。今日の価値に換算すると総評価額は約二五億円。この数字は松方側がかけていた保険総額とも一致していた。

一方、パリに保管されていたコレクションはサンフランシスコ講和条約の締結後、日本

政府への寄贈という形で返還された。これらを保管公開する目的で開設されたのが、東京の上野公園内にある国立西洋美術館だった。

国立西洋美術館の礎を築いたのは、二度の組閣に加え、大蔵大臣を長く務めた経験もある薩摩出身の実業家である松方正義の三男、松方幸次郎だった。

幸次郎は海外の大学で学んだのちに川崎造船所の初代社長に就任。金融恐慌の煽りで同社が経営破綻したあとは神戸瓦斯、神戸新聞、九州電気軌道、川崎汽船、国際汽船の社長などを兼任するが、その間に訪欧する機会を得た。

幸次郎自身は絵画に疎く、作品の良し悪しもまったくわからなかったが、日本で画家を目指す若者たちに本物の西洋美術を見せてやりたいとの思いは強く、私財を投じて美術品の蒐集に奔走したのだった。

いつの時代も芸術の創作や蒐集には有力なパトロンを必要とした。ずば抜けた財力を保持する者が採算を無視して投資をしないことには、人材を育成し発掘することはおろか、優れた作品を集めることもできなかった。イタリアのフィレンツェに始まるルネサンスにはメディチ家というまたとないパトロンがいたが、大正から昭和初めの日本においてその役割を担ったのが松方幸次郎をはじめとする新興財閥だったのである。

作品の選定作業になくてはならない存在だったのが、ベルギー生まれのイギリス人画家フランク・ブラングィンで、幸次郎はもっぱらブラングィンを頼りとした。

松方幸次郎とブラングィンの邂逅は一九一六年に川崎造船所の社長として渡欧した幸次郎が、ロンドンでブラングィンの作品『造船所』を購入したことがきっかけだった。以来、二人は急速に親交を深め、幸次郎からブラングィンに日本初となる西洋美術館のデザインおよび設計が託されることとなった。

建設予定地は東京の麻布で、幸次郎はそれを「共楽美術館」と命名するつもりでいた。展示品をそろえるため、幸次郎はロンドンとパリを拠点に蒐集に励んだ。

あまりにも膨大なコレクションで一度では運び切れないため、幸次郎はとりあえず一部だけ持ち帰り、美術館建設の準備にとりかかることにした。

だが、大正一二年（一九二三）の関東大震災を境に状況が一変する。東京全域のインフラ設備が壊滅したため計画を一時中断せざるをえず、通常の積み荷の一〇倍にも達する贅沢品関税法が施行されてからは、後送品の受け取りもままならなくなった。昭和二年（一九二七）に金融恐慌が始まると、川崎造船所も経営危機を免れず、幸次郎が持ち帰ったコレクションの大半はメインバンクの十五銀行に差し押さえられてしまう。それらは数度にわたる展覧会で売却され、散逸を余儀なくされたのだった。

「松方コレクション」はかくも数奇な運命をたどった。ロンドンに保管されていたマネやゴッホの絵画などを含む九五三点は灰燼に帰してしまったが、その詳細なリストが発見されただけでも大きな価値のあることだった。

第3章

「発掘調査」で見つかった新発見

福岡の須玖岡本遺跡は奴国有力者の墓だった？

日本と中国の公式の交流は紀元五七年に始まる。中国の歴史書『後漢書』に、「建武中元二年、倭の奴国の使者が貢物を奉りて参内し、寿詞《よごと》を述べる。使者はみずから大夫と称する。奴国は倭国の南界の極《きわみ》に位置する。光武帝は印綬（身分や位階を表す官印とそれを結び下げる組紐）を下賜《かし》した」とあり、江戸時代に現在の福岡市志賀島で発見された「漢委奴国王《かんのわのなのこくおう》」と刻まれた金印が光武帝から下賜された現物に間違いないということで、「建武中元二年こと西暦の紀元五七年が日中関係史の最初の画期」とされているのだ。

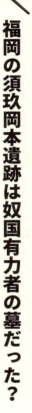

金印には「倭」ではなく「委」の字が用いられているが、官印を造るにあたり、偏や冠を省略するのはよくあることなので、この点に関してさして気にする必要はない。

問題なのは志賀島で発見された金印が本物か否かという点と、奴国が現在のどのあたりにあったかという点だ。後者については九州の北部、現在の福岡県のどこかということで意見の一致を見ており、同県春日市岡本の須玖《すぐ》岡本遺跡が奴国の中心地だったのではないかともいわれている。

その須玖岡本遺跡で近年新たな発見があった。墓穴の大きさが国内最大級となる甕棺墓が見つかったのである。

甕棺墓とは甕形の土器を棺として使用した墓のこと。今回見つかったのは墓穴が縦五・二メートル、横三・九メートル。長さ一メートルの甕を二つ合わせた甕棺で、中からは長さ約四二センチの銅剣と被葬者の身分が高いことを示す、高さ約四・五センチ、幅約五・五センチの青銅製の飾り一点が出土している。遺物周囲の土の表面から複数の布の痕跡が多数確認されたことから、遺体や遺物は布で何重にもくるまれていた可能性が高い。

甕棺が埋葬されたのは弥生時代前期、西暦紀元前一五〇年ころと推測され、同遺跡で過去に発掘された甕棺墓と比較検討した限りでは、奴国のナンバーツーかナンバースリークラスの有力者の墓である可能性が指摘されている。

一方の金印だが、その真贋については見解が真っ二つに分かれている。

本物説を主張する代表格は弥生時代の考古学を専門とする明治大学教授の石川日出志氏で、印の形や金の純度を根拠として挙げている。もう少し具体的にいえば、古代中国の印は彫られた文字の形が時代ごとに変化するため制作年代を判定しやすい。志賀島の金印は「漢」の字の「偏」の上半分がわずかに曲がっている点や、「王」の真ん中の横線がやや上に寄っている点が、中国の後漢初期の文字の特徴をよく表しているという。

また、蛇の形をしたつまみについても、中国や周辺の各地で発見された同じような形の印と比較すると、後漢初めごろに制作されたものと特徴が合致する。さらに、志賀島の金印に含まれる金の純度は九〇パーセント以上と、古代中国の印とほぼ同じだという。

そうしたことから、石川氏は「江戸時代にこのような印を作ることはできず、後漢のものだとして何ら問題はない。金印は本物に間違いない」と主張している。

それに対する贋作説の代表格は、金属製品など古代の工芸技術に造詣の深い鈴木勉氏だ。鈴木氏によると、志賀島の金印とほぼ同じ時期のもので、特徴もよく似ていることから本物説の根拠の一つとなっている中国の「広陵王璽」という印は、たがねで文字を一気に彫り進める「線彫り」と呼ばれる高度な技法で制作されている。これに対して志賀島の金印は文字の中心線を彫ったあと、別の角度からもたがねを打ち込んで輪郭を整える「さらい彫り」という技法が使われている。

鈴木氏はさらに畳みかける。前漢から後漢の印の多くは、一つの線がほぼ均一の太さで彫られているのに対し、志賀島の金印は中央から端に向かって太くなる特徴があるうえに、印面に対する文字の部分の面積がほかの印と比べて突出して大きい。「さらい彫り」やこうした文字の特徴は、江戸時代の印によく見られるというのだ。鈴木氏は「金印は江戸時代に作られた偽物の可能性が非常に高い」と結論づけている。

現在、金印は福岡市博物館で常設展示されている。昭和六年（一九三一）にこの金印は国宝に指定されており、同博物館もその真偽に疑問を持っていないようだ。

▼「漢委奴国王印」とされる金印

▼福岡市の志賀島にある金印公園

邪馬台国九州説に強力援軍。福岡で巨大な前方後円墳を発見？

日本から中国に公式の使節が派遣されたのは紀元五七年が最初で、二回目は二三八年、もしくは二三九年のこと。二回目の派遣主は邪馬台国の女王卑弥呼だった。

古代中国の史書、俗にいう「魏志倭人伝」に登場する邪馬台国は九州北部にあったのか、それとも奈良にあったのか。アカデミズムの世界から歴史愛好家、各自治体も巻き込んだ邪馬台国論争は、奈良で決まりとのムードが濃厚だった。箸墓《はしはか》古墳や纏向《まきむく》石塚古墳をはじめとする奈良県桜井市の纏向遺跡からは、時代的にも規模・内容においても符合する遺跡がいくつも見つかっている。

それに対して、これまで九州北部からは邪馬台国があった紀元三世紀中ごろの大規模な遺跡がほとんど見つかっていなかった。佐賀県神埼《かんざき》市と吉野ヶ里町にまたがる吉野ヶ里遺跡は時代と規模では遜色ないのだが、政治色と宗教色に欠けており、大規模集落の域を出るものではなかった。

状況は明らかに不利。九州北部でもあきらめムードが漂い始めた二〇一八年二月、地元住民やインターネット上でただならぬ話がささやかれ出した。「福岡県赤村に巨大な前方後円墳がある」というのだ。その規模は宮内庁が仁徳天皇陵に指定する大阪府堺市の大仙陵古墳に迫る巨大さで、気の早い古代史ファンからは「卑弥呼の墓では？」といった期待の声もあげられている。

現場の航空写真からは、それが全長四五〇メートルにおよぶ鍵穴型丘陵であることがわかる。地元住民を中心に数年前から丘陵の形に注目が集まっており、「豊の国古代史研究会」が結成されていた。同会の調査によると後円部にあたる部分は直径約一五〇メートル。「魏志倭人伝」に邪馬台国の女王卑弥呼の墓が「径百余歩」とあるのとほぼ一致している。

また丘陵沿いの住民によると、東側にある後円部と前方部のくびれにあたる場所からは、タケノコ掘りの最中に多数の土器片が見つかっており、丘陵の西側には以前から湿地が広がっていたという。その湿地が堀のなごりであるなら、その丘陵が巨大古墳である可能性も高まるのだが……。

たとえ誰の墓であろうと、それが巨大古墳であれば地域の振興に多少なりともつながる。

そうとなれば自治体が率先して旗振り役を置くべきところだが、当の田川地域の文化財担当者は慎重な姿勢を崩しておらず、丘陵を「自然の地形」だとして前方後円墳との見方を完全に否定している。なぜそう断言できるのか、根拠までは明らかにしていない。

ちなみに奈良県の纏向遺跡からは農耕具がほとんど出土せず、出土物は土木工事用の工具が圧倒的に多い。大きく引き離されながら二番目に多いのは土器だが、そのうち一五パーセントは九州から関東にいたる非常に広範囲の他地域から搬入された土器により占められる。これら特徴のどれをとっても他の一般的な集落遺跡とは異質で、日本最初の都市またはヤマト政権最初の都市であった可能性さえある。

▼現地付近の航空写真（国土地理院地図サービス）

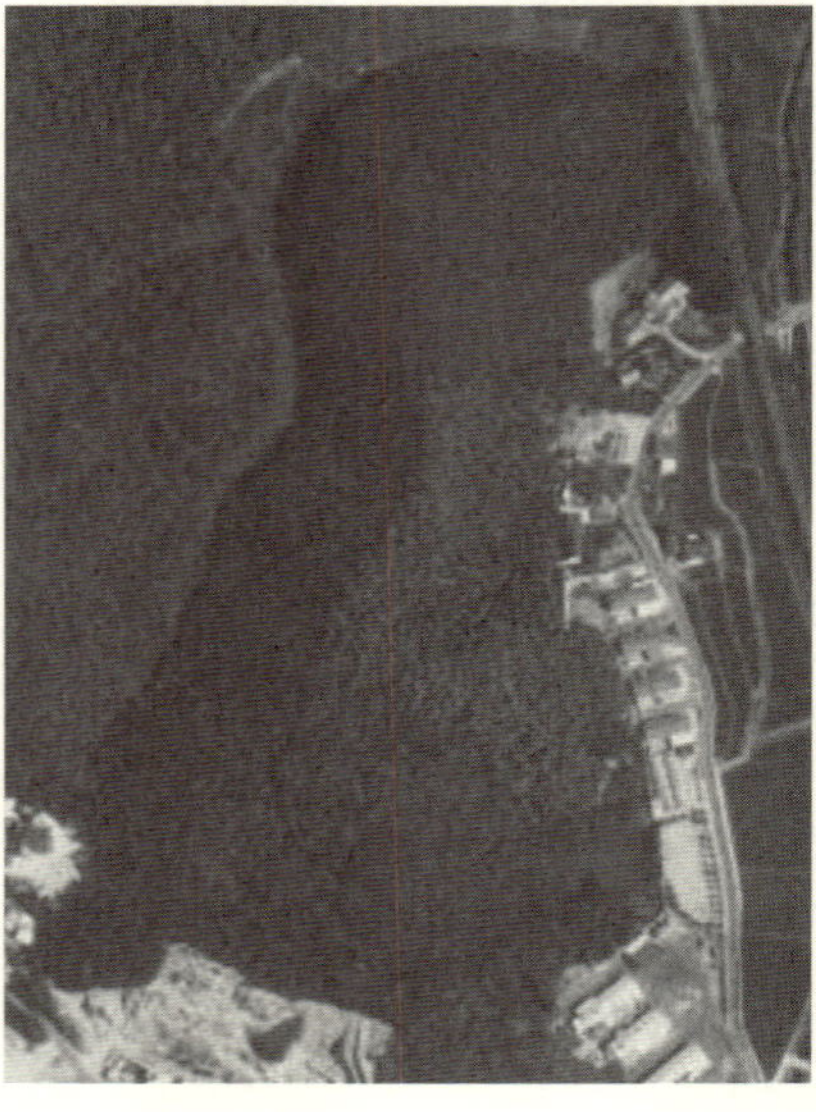

纏向遺跡のなかでもっとも有名なのは、第一〇代崇神《すじん》天皇のオバにあたる倭迹迹日百襲姫命《やまとととひももそひめのみこと》大市の墓として陵墓指定されている箸墓古墳だが、この女性は神の依《よ》り代《しろ》の役割を果たすなど、卑弥呼と重なる特徴を有しており、「魏志倭人伝」に登場する卑弥呼が実は倭迹迹日百襲姫命大市なのではとの説も唱えられている。

実際の邪馬台国がどこにあり、どの古墳が卑弥呼の墓なのか。宮内庁管轄下の古墳は発掘できないが、近い将来、発掘しなくても地下の状況が詳しくわかる技術が開発されれば、邪馬台国論争に完全な終止符が打たれるのかもしれない。

崇仏派と排仏派の対立は虚構？ 物部氏の勢力圏から当時の寺院跡

飛鳥時代、仏教を受け入れるかどうかを巡って有力豪族が対立。その結果、崇仏派の蘇我氏が排仏派の物部氏を滅ぼした。日本で最初の正史（政権公認の歴史書）である『日本書紀』にそう記されているため、この単純な図式はさしたる異論もないまま定説として長く受け入れられてきた。

流れを変えたのは昭和一〇年ごろの鉄道工事に際して、現在の大阪府八尾市西部、素戔嗚尊《すさのおのみこと》を祭神とする渋川天神社の下層で見つかった渋川廃寺跡だった。そこが排仏派の急先鋒であったはずの物部氏の勢力圏であったことから、議論が沸騰したのである。

渋川寺の創建は物部守屋が討ち果たされてから半世紀ほどあとのことだが、物部氏は完全に滅ぼされたわけではなく、衰退したとするほうが正しい。領主が代わった土地でも、住民の総入れ替えが行われたわけではなかった。物部氏の息のかかった土地に寺院が建立されたことの意味こそが問題だった。

仏教を目の敵にしていた物部氏の勢力圏内、それも中枢とも呼べる地に仏教寺院が築かれたという事実。そこから大胆な推測をするなら、大きくふたつの可能性が考えられる。ひとつは仏教を力ずくでも浸透させようという政治的な意図が働いた可能性。

もうひとつはすでに多くの信者がいて、需要に応えるために創建された可能性である。渋川廃寺跡の発見が大きな論争に発展したのは、後者を前提にする研究者が大半を占めたからだった。

渋川廃寺跡の発見に始まる論争について、現代の歴史家たちが近ごろ従来の説に異論を唱えている。たとえば、日本古代史を専門とし、一般読者向けの著作を多く手掛けている歴史学者の水谷千秋氏は三つの説を唱えている。

そもそも崇仏・排仏の論争がなかったとする説、対立はあったが政治的な対立が主であったとする説、宗教的な対立が主であったとする説に整理したうえで、自身の考えは二番目の説に近いとの見解を示している。政治的な対立が先にあって、物部氏は蘇我氏が仏教の受け入れに積極的だったから、蘇我氏への対抗上、排仏に走ったにすぎないというわけだ。

ちなみに、崇仏・排仏の論争がなかったとする説をもっとも強く唱えているのは古代史でも氏族研究を専門とする歴史学者の加藤謙吉氏で、『日本書紀』や『元興寺《がんこうじ》伽藍縁起』という八世紀中ごろの記録にある崇仏・排仏の論争は虚構で、物部氏や中臣氏あるいは敏《び》達《だつ》天皇らによって破仏が行われたという所伝は史実ではないとする。

加藤氏はその根拠として、物部氏の勢力圏あるいは河内国渋河郡と若江郡周辺において、渡来系豪族を中心に仏教が浸透していたと見られることや、物部守屋を仏教受容に反対した仏敵と見なす思想は、聖徳太子こと厩戸皇子と関わりの深い四天王寺の古縁起に端を発するものであって、あとからつけ加えられたと見られることなどを挙げている。「物部氏がことさら仏教の導入に否定的であったとは考えにくい」とまでいい切っているのだ。

加藤氏の説が正しければ、飛鳥時代の基本史料に偏向があることになるわけで、今後さらに研究が進めば、仏教受容前後の日本の歴史は大きく塗り替えられるかもしれない。

藤ノ木古墳の本当の被葬者は誰か？

奈良県と大阪府には無数の古墳が存在する。宮内庁の管轄下にある古墳は発掘どころか立ち入りさえ許されないため、被葬者を特定することは不可能に近い。どの天皇の陵墓である可能性が高いとの推定はなされているが、それは『日本書紀』の記述と江戸時代に実施された基礎調査をもとに、明治時代に決められたものにすぎない。なかには奈良県橿原《かしはら》市の神武天皇陵のように、小さな盛り土だったところが、周囲一〇〇メートルもの巨大円丘墳に造り替えられたものさえある。

　宮内庁の管轄外の古墳でも、被葬者を特定するのは容易ではない。『古事記』の編纂者として知られる太安万侶《おおのやすまろ》の場合は昭和五四年（一九七九）に奈良市此瀬町で墓誌が発見されたが、このように明確な物証が見つかることはきわめて稀だからだ。

　とはいえ、それなりの大きさを誇り、豪華な副葬品が出土したとなれば、被葬者を特定したくなるのは人の情というもの。奈良県斑鳩町の藤ノ木古墳は関係者の関心を引くに十分な条件を備えていた。

　藤ノ木古墳は法隆寺の南大門から西へ約三五〇メートルのところに位置している。本格

▼藤ノ木古墳

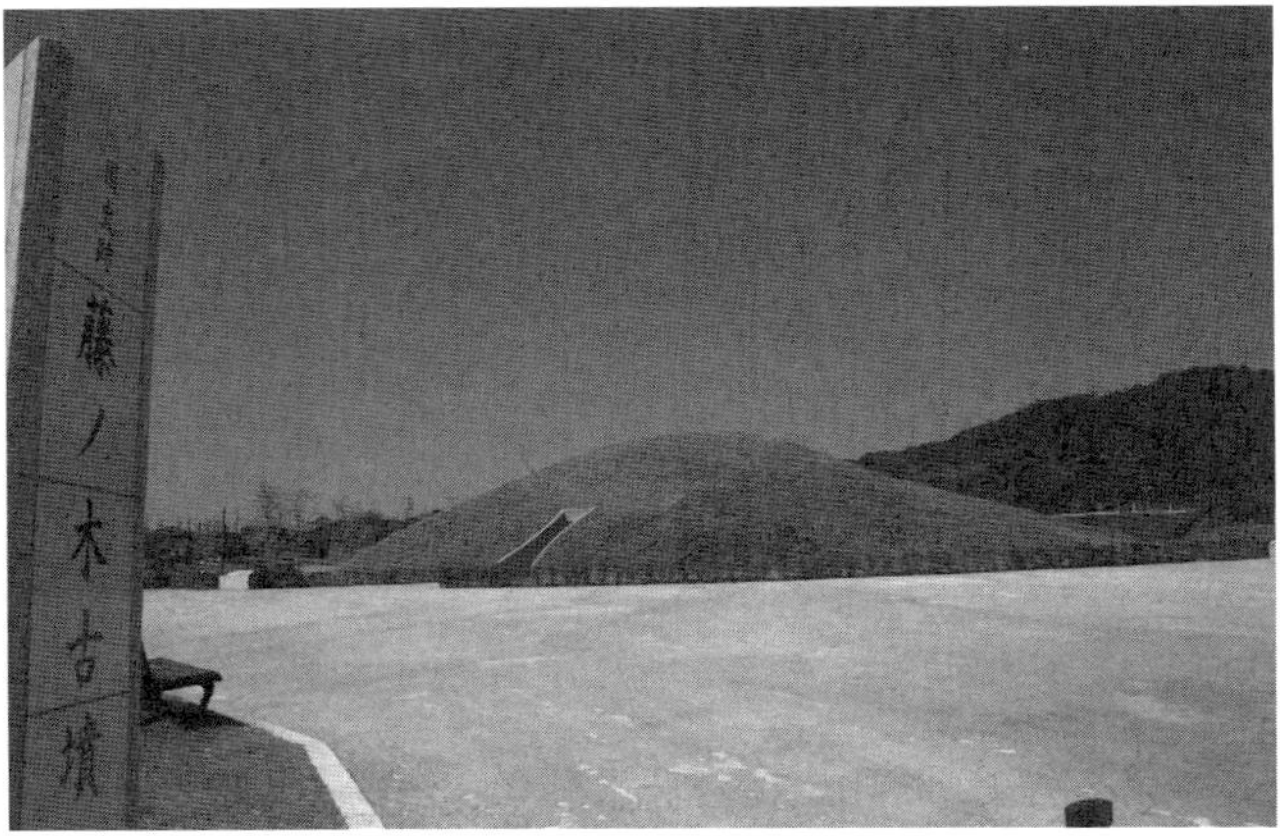

的な発掘調査が開始されたのは昭和六〇年（一九八五）夏のことで、約五カ月に及ぶ第一次調査の結果、横穴式石室を持つ大円墳であることがわかった。

だが、何より関係者の大きな注目を集めたのは石室に納められていた豪華な馬具だった。金銅製の馬具が一セット、鉄地金銅張りのそれが二セット発見されたのだから、関係者が心躍らせたのも無理はなかった。

続く第二次調査ではファイバースコープによる石室の内視調査、第三次調査では開棺が行われ、被葬者が男性二名であることも判明した。

その後も調査は継続され、大円墳の直径が五〇メートルにもおよぶこと、華麗な馬具がすべて日本製であること、土器や銅鏡、きらびやかな装身具、ガラス玉をちりばめた美しい太刀、鉄製のミニチュア農耕具などからなる大量の出土品および石棺内の花粉から、大円墳の造営年代が六世紀後半であることもわかった。さらに遺骨や石棺内の調査からは被葬者が二人とも二〇歳前後で限りなく近い血縁関係にあり、非常に身分の高い家の者であること、古墳が最初から二人の埋葬用に建造されたこともわかった。

また、近在に残された古文書から、藤ノ木古墳が遅くとも平安時代末期には「ミササキ」

と呼ばれ、江戸時代末期までは石室内へ出入りして手厚く供養されながら守られていたこともわかった。「ミササキ」は、「ミササギ」「ミサザキ」と同じく皇族の墓を指す言葉である。

被葬者については、在位五年目（五九四年）に暗殺された崇峻天皇や蘇我稲目の孫娘にあたる石前王女とする伝承もあるが、年齢や性別が合致しないことから、本当の被葬者が誰か忘れ去られて後、適当にあてがわれたものと考えられる。

それでは藤ノ木古墳の本当の被葬者はいったい誰なのか。六世紀後半に二〇歳前後で亡くなった皇族男性というだけで対象はかなり絞られる。

藤ノ木古墳の発掘調査に当初から参加していた考古学者の前園実知雄氏は、そこに眠る被葬者は穴穂部皇子《あなほべのおうじ》と宅部皇子《やかべのおうじ》の兄弟である可能性が極めて高いとしている。

穴穂部皇子は第二九代の欽明天皇と蘇我稲目の娘小姉君《おあねのきみ》とのあいだに生まれた皇子だが、第三一代の用明天皇が病死した後、物部守屋がこれを擁立する動きを見せたため、蘇我馬子の命令により殺害された。すぐ下の弟の宅部皇子も翌日殺害されており、この二人の年齢や体つきは石棺内の遺物と見事なまでに合致していたという。

飛鳥にあるピラミッド型古墳「都塚古墳」の被葬者は？

日本にもピラミッドが存在すると聞くと、何やらトンデモ話めいてくるが、ピラミッドの定義を〝石を積んで階段状に築かれた方墳〟とするなら、それは紛れもなく存在する。奈良県明日香村の都塚《みやこづか》古墳がまさしくそれである。

都塚古墳は東西約四一メートル、南北約四二メートル、高さ四・五メートル以上の大きさを誇るうえに、横穴式石室を備えている。調査にあたった明日香村教育委員会によると、都塚古墳が築かれたのは六世紀後半で、各段は表面だけではなく内部まで石を積んで築かれており、国内に類例は見当たらないという。

六世紀後半といえば、前方後円墳の時代が終焉に向かう一方、大型方墳がまだ出現していない過渡期にあたる。同教育委員会は「古代中国や朝鮮半島にある積み石塚などの工法を導入しようと、模索していたのでは」との見解を示している。

過渡期に築かれた稀有な形状の墳墓に眠るのはいったい誰なのか。中央の有力者であることは間違いなさそうだが、これまでのところ有力視されているのは蘇我馬子の父、蘇我稲目である。

蘇我氏は渡来系豪族ともっとも深い関係を持ち、上手に使いこなしていた。蘇我馬子の墓といわれる石舞台古墳もすぐ近くにあることから、稲目が有力候補に挙げられたのだ。

また、六世紀後半といえば、最後の前方後円墳といわれる見瀬丸山古墳が築かれた時代でもある。これは奈良県で随一、全国でも第六位の規模を持つ巨大な前方後円墳で、古墳の小型化が急速に進む当時にあって、きわめて異例な存在だった。横穴式石室も備え、そこだけを取り上げるなら石舞台古墳をもしのぎ、日本最大規模と断言できる。

見瀬丸山古墳の被葬者については、古代史研究の巨人ともいえる故森浩一氏が昭和四〇年（一九六五）に唱えた、欽明天皇陵説がいまだもっとも有力視されている。

宮内庁は明日香村平田にある全長一四〇メートルの梅山古墳を欽明天皇陵（檜隈坂合陵《ひのくまのさかあいのみささぎ》）としているが、歴史学と考古学の世界では見瀬丸山古墳を推す声のほうが断然強い。はたして、この論争に決着がつく日は訪れるのだろうか。

明日香で見つかった飛鳥時代最大級の方墳「小山田古墳」は蘇我蝦夷の墓か？

奈良県明日香村では地面を掘ると必ずといってよいほど何らかの遺跡に行き当たる。小規模なものは調査・蒐集を終えると破壊されるが、大規模なところは史跡として保存される。その近年の例として小山田古墳がある。

小山田古墳は飛鳥時代、紀元七世紀中ごろに造営されたもので、その時代としては最大級の四角い形をした古墳だった。一辺の長さがおよそ七〇メートルと、同じ明日香村の方墳でも石舞台の一辺五〇メートルを優に上回っており、巨大古墳の造営が急速に下火化するなか、時代に逆行するものが造られた事実から、被葬者が途方もない権力者だったことは間違いない。

被葬者の有力候補として、舒明天皇と蘇我蝦夷の名が挙げられている。

舒明天皇は中大兄皇子（後の天智天皇）の父親で、亡くなったのは西暦六四一年。舒明説の支持者には古墳文化を専門とする考古学者の木下正史氏などがいて、木下氏は「舒明天皇は当時、飛鳥にあった寺の規模をはるかに超えた百済大寺を造るなど、強大な権力を持っていた。当時、最大級の古墳だけに、葬られたのは舒明天皇の可能性がある」とコメントしている。

舒明天皇の陵墓について、『日本書紀』には滑谷岡《なめはざまのおか》とあり、宮内庁では桜井市忍阪《おっさか》の段ノ塚古墳をそれとして、押坂内陵《おさかのうちのみささぎ》と命名しているが、これにはかねて疑問視する声が多かった。

一方、蘇我蝦夷説の支持者には同じく古墳文化を専門とする考古学者の白石太一郎氏がいて、白石氏は「今回の古墳は蘇我氏の邸宅があった本拠地、『甘樫丘《あまかしのおか》』のすぐ近くにあり、当時の勢力を考えても蘇我蝦夷の墓ではないか。そもそも蘇我氏に反発していた舒明天皇の墓がこの地域に造られたとは考えにくい」とコメントしている。

蘇我蝦夷は入鹿の父で、いわゆる大化の改新の序幕、六四五年の乙巳の変に際して最初から抗戦をあきらめ、自害して果てた。逆賊扱いされた人物を手厚く葬ることが許されたかどうかということに疑問は残るが、政変からまもなく発せられた「仏教興隆の詔」では蘇我氏の果たしてきた役割が高く評価され、蘇我氏への批判は何ひとつされていなかった。

一方で、政変から六日後に新政権の首脳が一堂に会した場では、名指しを避けながらも暴虐の徒は断じて討つべしとの誓約が交わされている。ここから垣間見えるのは、たとえ逆賊として誅殺された者でも、功績は功績として認め、手厚く葬ることを妨げはしないという新政権の姿勢である。

そもそも「蘇我氏滅亡」という言葉には現実と合わない面がある。滅ぼされたのは蘇我蝦夷・入鹿父子をはじめとする蘇我本宗家であって、蘇我氏のなかには、入鹿の従兄弟にあたる蘇我倉山田石川麻呂のように最初から政変に加担していた者たちもいた。

また、蘇我蝦夷・入鹿父子のもとで武力の中核を担った渡来系豪族の倭漢氏《やまとのあやうじ》なども健在であり、彼らが蘇我蝦夷を手厚く葬りたいと願い出れば、中大兄皇子と中臣鎌足を両輪とする新政権は拒むことができなかったのではないだろうか。中国大陸や朝鮮半島を含む東アジア情勢全般が流動的な状況では、内乱の長期化はもちろん、政治の混乱もできるだけ避けたい。そのためには、すでに存在しない蘇我蝦夷をどう扱おうと、黙認するのが賢明と判断したのではないかと考えられる。

東大寺には高さ一〇〇メートルもの七重塔があった

奈良の東大寺といえば、大仏と正倉院の宝物ばかりが話題になりがちだ。大仏は高さ一四・九八メートルと日本にある大仏の座像のなかでもっとも大きいのだから、注目が集まるのも無理ないことかもしれない。正倉院のほうは現在、東大寺ではなく宮内庁の管轄下に置かれている。

だが、かつて同じ東大寺に、大きさという点では大仏をもはるかに凌駕する高い仏塔が存在したことがわかっている。

現在の京都・奈良でもっとも高い仏塔は京都市・東寺の五重塔で、高さ約五五メートル、建物の一辺が約九メートルにもおよぶ。しかし、東大寺に伝わる古い文献には、嘉禎《かてい》四年（一二三八）ごろに再建された七重塔（東塔）の高さについて、二三丈（約七〇メートル）とする記述と、三三丈（約一〇〇メートル）とする記述が混在している。どちらが現実に近いにせよ、東寺の五重塔より高かったことは間違いない。

そもそも東大寺に東塔と西塔が建設されたのは天平宝字八年（七六四）のことだったが、治承四年（一一八一）の平家軍による焼き討ちに際して大仏殿や南大門などとともにすべて焼失。嘉禎四年に東塔のみが再建されたが、それも康安二年（一三六二）の落雷により再び焼失した。つまり、最大で一〇〇メールにも及んだ東塔の命脈はわずか一二四年しか続かなかったわけで、まことに残念である。

東塔が実在したことは、近年の発掘調査により裏づけられた。見つかったのは塔の一番下となる基壇の北東部分で、そこからは心柱《しんばしら》（中心となる柱）を支えた基礎と柱穴九個が確認され、基壇全体の高さは一・七メートル以上、一辺の長さは二七メートルと推測された。東大寺と奈良文化財研究所、奈良県立橿原考古学研究所で構成された調査団は、「基壇の規模から高さの正確な推定は難しい」としながら、東塔の高さが東寺の五重塔を上回っていたことは間違いないと結論づけた。

なぜ、それほど高い塔の建設が可能だったのか。その点については、柱をつなぐ部材で強度を高める「大仏様」という様式が採用された可能性が浮上した。奈良時代以来の「和様」では、柱の数を多くする以外に高い塔を建設することが不可能だったからである。

ここで注目すべきは、東大寺の再建で主導権を発揮した高僧重源《ちょうげん》の存在である。重源は宋（中国）への留学経験があり、そこで「大仏様」の建築技術も習得していた。従来の「和様」だけでは希望する高さにならないと判断した重源が、日本で初めて塔の建設に「大仏様」を採用した可能性は十分にありえる話だ。日本建築史が専門で発掘の調査団長を務めた建築史学者の鈴木嘉吉氏も、「巨大建築を堅牢に造るため、奈良時代の様式をやめる判断をした」との推測を示している。

後白河法皇に東大寺の再建を進言したとき、重源はすでに還暦を迎えており、残された時間は長くなかった。事実、東塔の完成より重源の寿命が尽きるほうが早く、東塔が完成したのは重源の死から三〇年以上あとのことだった。

平城京の宮廷ではイラン人の役人も勤務していた

奈良はシルクロードの東の起点と呼ばれることがある。それはガラス器に代表される正倉院の宝物からも裏づけられるが、アジアの東西交流は物に限らず、人材の面にも及んでいた。

日本では紙の使用が普及するまで、あらゆる記録の保持を木簡に頼っていた。木簡とは文字を書き記すために用いた細長い木の札のことで、毛筆で墨や漆を使って書き、付け札とするか並べて革や麻の紐でつづり巻くかして保存、携帯していた。

古代史研究のうえで木簡が注目されるようになったきっかけは、昭和四一年(一九六六)に平城京跡の東南隅から一万三〇〇〇点もの木簡が発見されたことにあった。木簡の発見自体はそれより五年前にさかのぼるが、一度に一万三〇〇〇点も見つかったとあっては、奈良時代の研究方法を根本から改めなければならなくなったのだ。紙の普及以降の書き写しではなく、原本と呼べる史料なのだから。

その後、昭和六三年(一九八八)から平成元年(一九八九)にかけて、長屋王家木簡や二条大路木簡などの重要資料が計一一万点が出土するに及んで、奈良時代の研究における木簡の果たす役割は決定的になった。

しかし、点数が多いうえに巻いたものがほどけてしまっている場合もあるため、復元作業だけでも時間がかかる。復元ができてからやっと解読に移るわけで、出土から解読にいたるまで一〇年以上の歳月がかかることも珍しくなかった。

そんななか、平成二八年（二〇一六）一〇月、にわかに脚光を浴びた木簡がある。そこにあったのは「破斯清通《はしのきよみち》」という人名。「破斯」とはペルシア、現在のイランを指す言葉で、それを姓としているのは、この人物がイラン人であったことを示している。

当時、イランと中国大陸は陸海両方の道で結ばれ、日中間も海路で結ばれていた。日本にイラン人が来ていてもおかしくないわけだが、外交官でも商人でも僧侶でもなく、日本の正規の役人として勤務していたとなれば話は別である。

問題の木簡には「大学寮解　申宿直官人事　員外大属破斯清通　天平神護元年」と記されていた。「天平神護元年」は第四八代の称徳天皇の世で、西暦では七六五年にあたる。

「大学寮」は官吏養成機関、「員外」は令（基本法典）に規定のない特別な官職、「大属」は四等事務官にあたる役職名で、全体としてはイラン出身の破斯清通という特別職の役人が七六五年に官吏養成機関で宿直勤務をしたという意味になる。

何でもない日常の記録だが、平城京の宮廷にイラン人の役人が勤務していたことがわかっただけでも大きな発見だ。奈良時代の宮廷では、朝鮮半島や中国大陸出身の渡来人だけでなく、応分の能力さえ備えていればインド人やイラン人をも雇っていた。奈良時代の日本社会は、現在の日本以上に開かれた社会だったといえる。

明攻防一体の「屏風折れ」土塀。山形で全国初の遺構発見

豊臣秀吉が天下統一を成し遂げたのは天正一八年（一五九〇）のこと。秀吉は東北諸大名に対する用心のために、近江国出身で配下の蒲生氏郷を会津若松城主として四二万石を与えた。

関ヶ原合戦の後、天下の再統一を果たした徳川家康も東北諸大名に対する警戒を怠らず、氏郷の子秀行を下野国宇都宮から会津に戻しただけではなく、六〇万石に加増した。秀行は家康の三女振姫を正室に迎えていたことから、譜代大名（関ヶ原合戦以前に仕えた大名）ながら、親藩大名（家康の子弟を開祖とする大名）同然と目されていたのだった。

蒲生家だけでは不安だったのか、二代将軍の秀忠は元和二年（一六二二）、戦国時代以来の最上氏を除き、代わりに譜代の鳥居忠政を山形藩二二万石の藩主としている。忠政は関ヶ原合戦の前夜、伏見城の留守を任され、城と運命をともにした鳥居元忠の子で、徳川家に対する忠誠心に関しては折り紙つきの人物だった。

会津と山形に信頼の置ける大名を配置し、仙台の伊達氏や米沢の上杉氏、秋田の佐竹氏、盛岡の南部氏などに備える。単に移封させるだけでなく、ひそかに城郭の強化もさせていた。元和元年（一六一五）の武家諸法度制定以来、幕府の公認なくして城の改修は許されなかったはずなのに、認可も改築も極秘裏に進められた確たる証拠が、平成二九年（二〇一七）に山形城で発見された。

山形城二の丸跡の北東部分から発見されたのは、つづら折りの形状をした土塀で、「屏《びょう》風崩《ぶ》れ」と呼ばれる。直線的な土塀と比べて防御と攻撃の両方を容易にする特殊な構造で、名称と構造は知られていながら、遺構が発見されたのは全国でこれが初めてだった。

具体的にいえば、約二〇〇メートルにわたり礎石が敷き詰められ、約八メートル間隔で鋭く屈折していた。礎石の上には銃や弓用の狭間が開いた土塀が築かれていたと推測され、これであれば押し寄せてきた敵を三方から攻撃することができた。その防御力は直線の土塀とは比べものにならないくらいで、兵の数でかなり劣っていたとしても、長く持ちこたえることができたに違いない。

元来、山形城は北東部分の守りが弱いため、伊達氏が動くとすれば必ずそこから攻めてくると予想された。だからこそ、すべてを極秘のうちに進め、証拠となる文書さえ残さずにおいたのだろう。

会津藩が東北地方の最南端に位置するのに対し、山形藩は北で秋田藩、東で仙台藩、南で米沢藩と境を接する。東北の諸大名がいっせいに反乱を起こせば三方から攻められることになる。援軍の到着まで持ちこたえるには防御を堅くして、時間稼ぎをする必要があったわけだ。仮にそうなった場合、「屛風崩れ」はその真価を存分に発揮したに違いない。

佐賀城本丸に謎の地下階段。設計図に記載なし

設計図に記載のない謎の地下階段。二〇一八年三月、佐賀県佐賀市の佐賀城本丸跡からそれが見つかった。

佐賀城の前身にあたる村中城が建設されたのは天正年間（一五七三〜九二）のこと。龍造寺氏から鍋島氏へと城主が代わり、佐賀城としての総普請が開始されたのが慶長一三年（一六〇八）で、落成したのはそれから三年後のことだった。

享保一一年（一七二六）には火災が起き、天守閣をはじめ本丸・二の丸・三の丸が類焼。本丸で被害を免れたのは土蔵のみだった。幕府の許可を得て少しずつ再建が進められ、本丸の再建がなったのは天保九年（一八三八）。幕末の動乱を目前に控えた時期だった。

ようやく再建された本丸御殿だが、それも明治の世には無用の長物となり、同七年（一八七四）、不平士族による佐賀の乱で甚大な被害を受けたのを境として、解体と公共施設への転用が進められた。

本丸跡の本格的発掘工事が開始されたのは平成一一年（一九九九）のこと。再建後の本丸はただ一点を除いて、「佐賀城御本丸差図」と題された設計図とほぼ一致することがわかった。

設計図と異なる一点というのは、女性の居住空間に当たる「奥」と呼ばれる場所で、砂岩でできた六段分の階段が地下に延びているのが見つかったのだ。

そこは本丸の南東に位置しており、当時の地表から一・一メートルほど下る造りになっていた。水場や抜け穴、貯蔵庫、避難所などさまざまな用途が考えられるという。

水場や貯蔵庫ならともかく、抜け穴や避難所であったとするなら穏やかでない。戦国時代の再来や流血にいたる御家騒動を危惧してのことなのか。目的が何であれ、設計図にないという点が気になるところだ。

これは幕府の許可を得ていない工事をしたということであり、発覚すれば一大事である。下手をすれば改易処分も免れないわけで、そこまでの覚悟があって造ったとすれば、よほどの大事な用途であったに違いない。

約四〇〇年ぶりに発見された秀吉の幻の城「指月伏見城」とは

本当にあったのかどうか疑問視されていた城の存在が、最近の発掘調査によって証明された。その城の名は指月《しづき》城。築城者は豊臣秀吉だった。

文禄三年（一五九六）、月見をするために京都の伏見に築かれた指月城。完成から二年後に起きた慶長伏見地震で倒壊して後、すぐに埋め立てられたと記録にはある。

ただし、遺構が見つかっていなかったため、所在すら明らかになっていない幻の城で、存在を疑問視する声さえあがっていた。しかし、近年の発掘調査で石垣や巨大な堀、多数の金箔瓦が出土したことで、およそ四二〇年ぶりに存在が確認されることになった。

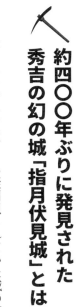

記録によれば、秀吉は自分の隠居屋敷を改修するかたちで指月城を築いた。

「自然石を野積みにしたような石垣を見て、すぐに指月城とわかった」と語るのは日本城郭史を専門とする滋賀県立大教授の中井均氏で、中井氏は石垣がいつの時代のものかはわからないとしながら、「当初からあったとすれば、最初から城並みの構えにしていたことになる。隠居どころか相当に政治的な意欲を持って伏見に移ってきたことを示す」とコメントしている。

後に徳川家康が駿府城から江戸城の秀忠に睨みを利かせたのと同じように、秀吉も伏見から大坂城の監視を続け、自分の考える路線から逸脱しないよう目を光らせ続けるつもりだったことになる。

秀吉が伏見を選んだ理由については、中世考古学を専門とする同志社大学教授の鋤柄俊夫氏が面白い説を提起している。「室町幕府の三代将軍足利義満を意識していた結果では」というのだ。

伏見は古くから月見の名所として知られ、平安時代には多くの皇族や貴族が別荘を構えた場所。足利義満は家臣として最高位の太政大臣になるだけでは満足できず、金閣寺に優るとも劣らない豪勢な別荘を伏見に建てようと計画していた。

それを伝え聞いた秀吉が、義満への対抗意識から、平安京大内裏の跡地に建てた聚楽第に匹敵する豪勢な建物を伏見にも建設したことは十分考えられる。秀吉も官位官職では最高を極めたうえに、文化芸術のよき理解者、保護者を自負していたということもある。

これまでに出土した金箔瓦からも、指月城が耳目を驚かせる造りになっていたことは間違いない。

第4章

「史料精査」で見つかった新発見

倭の五王の一番手、讃の遣使は高句麗による演出だった？

邪馬台国が中国の西晋王朝に最後の使節を派遣したのは西暦紀元二六六年のこと。以来、公式な関係は途絶えていたが、中国の正史のひとつである『宋書』によれば、公式関係は四二一年に復活している。

それまでの東晋に代わり、四二〇年に成立して中国南部を支配下に置いたのが宋王朝で、その歴史を記した『宋書』の該当箇所には次のようにある。

「倭国は、高句麗の東南方の大海の中にあって、その王は代々貢ぎ物を持って来朝した。宋の永初二年（四二一）、高祖武帝（劉裕）は詔《みことのり》を発していった。『倭国の王、讃は万里の遠きより貢ぎ物を納めている。その遠距離をいとわぬ誠意は高く評価してよろしい。ゆえに官職を授ける』と」

ここにある「倭国」とは日本のこと。漢字を知る以前のことで、その文字に侮蔑の意味が込められているのも知らず、長い間「倭」を使い続けていた。それはともかく、従来はこの記述を根拠に四二一年を大きな区切りとしてきたが、それをよく読めば、倭国からの使節到来が四二一年以前に復活していたことがうかがえる。

復活の時期を知る手がかりは、同じく中国の正史である『晋書』の中にある。同書「安帝本紀」の義熙《ぎき》九年（四一三）の条に、「この年、高句麗・倭夷及び西南夷・銅頭大師が貢ぎ物を献じた」という記述が見られるのだ。「銅頭大師」がどこの誰を指すのかは不明ながら、「倭夷」が倭国の王を指しているのは間違いない。

貢ぎ物が何であったかは記されていないが、この不足を補うものとして『義熙起居注』という義熙年間（四〇五～四一九年）の皇帝の動静記録があり、そこに次のような記述がある。

「倭国が貂皮・人参等を献じた。安帝は詔を発して細笙《さいしょう》・麝香《じゃこう》を賜った」

「貂皮」は動物のテンの毛皮、「人参」は朝鮮人参、「細笙」は弦楽器の一種を指している。下賜品はともかく、倭国からの献上品に違和感を覚える人がいるに違いない。どちらも当時の日本では産しておらず、輸入しなければ手に入らなかったはずだ。輸入品を貢ぎ物として献上することなどあるのだろうか。

これらの疑問はひとまずおくとして、従来は倭王讃が中国南朝の宋に使節を派遣したことで公式の往来が復活したとされていた。中国の正史によれば、讃以降も珍・済・興・武と五代の王が中国南朝への使節派遣を繰り返し、この五人を「倭の五王」と呼びならわしてきたという。

この五世紀の歴史について、従来は「倭の五王」がそれぞれどの天皇に該当するのか、もしくは日中・日朝関係の文脈でのみ議論が交わされてきた。

しかし、近年は使節の派遣自体があったかどうかに疑問の目を向ける研究者が出てきている。中国古代・中世史を専門とする東洋史学者の池田温氏、日本古代・中世史を専門とする坂元義種氏、古代・中世対外関係史を専門とする歴史学者で中央大学文学部教授の石井正敏氏といった面々である。

このなかで池田氏は、高句麗が倭国を誘って共同入貢《にゅうこう》をしたのだとして、外交に不慣れな倭国に代わり、貢ぎ物をすべて高句麗で用意したとの見解をとる。

これに対して坂元氏は、倭国の使節は高句麗に仕立て上げられた偽物だとし、石井氏は「倭国」の字は何らかの誤記ではないかとの見解を示している。はたして、どの見解がもっとも史実に近いのか。

彼ら先達の研究成果をふまえながら、日本古代史・東アジア交流史を専門とする河内春人氏は、坂元氏の見解を支持する立場を示している。

高句麗と中国王朝の関係も三四三年以来途絶えており、七〇年ぶりとなる使節の派遣に、高句麗の長寿王は並々ならぬ意欲を見せていた。先代の広開土王（好太王）の治世は数々の武勲に彩られたが、長寿王の器量はそれには遠くおよばない。そのため外交で得点を挙げることに心血を注ぎ、四一三年の入朝では倭国を従えているような演出をした。

高句麗の狙いは見事に当たり、長寿王は東晋の皇帝から持使節・都督営州諸軍事・征東将軍・高句麗王・楽浪公への任命という多大な成果を引き出すことに成功した。

つまり、倭の五王による最初の使節派遣は、やはり四二一年であったというのが、河内氏の導き出した結論だった。

『日本書紀』にはない幻の遣隋使が中国の史書に明記されていた

ヤマト政権から中国王朝への使節派遣は、「倭の五王」の最後を飾る倭王武による紀元四九八年を最後にいったん途切れてしまった。

しかし、中国大陸が隋により統一され、周辺諸国を併呑《へいどん》する姿勢を見せるにおよび、高句麗・百済・新羅からなる朝鮮三国では、中央集権体制の構築を目的とした改革が急ピッチで進められ、ヤマト政権もうかうかしてはいられなくなった。そこで聖徳太子こと厩戸皇子と蘇我馬子が二人三脚で改革を推し進めたのだ。

中国王朝から先進的な制度や法体系を採り入れなければ、国家としての存続が危ぶまれる。そんな危機感に促されて遣隋使の派遣も開始され、『日本書紀』では最初の派遣を推古天皇の一五年（六〇七）としている。

だが、中国側の正史『隋書』には、それより早い時期に使節の派遣があったことが明記されている。以下がそれである。

「隋の文帝の開皇二〇年（六〇〇）、倭王で、姓は阿毎《あめ》、字は多利思比孤《たりしひこ》、阿輩雞彌《おおきみ》と号している者が、隋の都大興（現在の陝西省西安市）に使者を派遣してきた。文帝は担当の役人に倭国の風俗を尋ねさせた。使者はこう答えた。

『倭王は天を兄とし、太陽を弟としている。夜がまだ明けないうちに、政殿《まつりどの》に出て政治を行い、その間はあぐらをかいて坐っている。太陽が出るとそこで政務を執ることをやめ、あとは自分の弟、太陽に任せます』

高祖文帝は、『大いに義理なし（まったく理屈にかなっていない）』とあきれ、倭国を諭してこれを改めさせた」

つまり、ヤマト政権としては面目丸つぶれとなったのだった。井の中の蛙であったことを思い知らされて恥じ入るあまり、『日本書紀』の編纂時には、紀元六〇〇年の使節派遣をなかったことにしてしまったのである。

日本史にせよ中国史にせよ、古代史を専門とする研究者は必ず『隋書』のこの部分に目を通しているはずだが、これまでこの意味を大きく取り上げる研究者は極めて稀だった。

その稀な部分に手をつけた研究者として、近年では日本古代史を専門とする歴史学者で国立歴史民俗博物館教授の仁藤敦史氏を挙げることができる。仁藤氏はあるテレビ番組の中でこの問題を大きく取り上げ、「この屈辱を跳ね返すために、また超大国の誕生によって、新たな力学が生まれつつある東アジアの中で後れを取らないためにも、推古天皇は国際的に通用する政治施設や儀礼を整えねばならないと必死になった」とコメントしている。

そういわれてみれば、豊浦宮から小墾田宮《おはりだのみや》への遷宮と冠位一二階の制定が六〇三年、一七条憲法の制定はその翌年のことだった。それまでの宮が大王の住まいの域を出ず、豪族の住まいとの違いも大殿と門の有無程度で、私邸が仕事場も兼ねる状態だった。

しかし、小墾田宮には豪族たちが執務する官庁や外国使節との謁見、喪の行事など、多くの公式行事が行われる空間が設けられていた。都城とまではいえないまでも、小墾田宮の建設をきっかけとして、「宮」という言葉に含まれる意味が大きく変わり始めた。

ちなみに、六〇〇年に使者を派遣した倭王は、姓が阿毎、字は多利思比孤、阿輩雞彌と号すとあるが、「阿毎」は神や天皇の名に多く使用された「アメノ」、「阿輩雞彌」は「大王（おおきみ）」を指す。「ヒコ」は高貴な男性の敬称であることから、「多利思比孤」は推古天皇ではなく、聖徳太子ではないかといわれている。

中国史上、女性が帝位についたのは隋の次の王朝である唐を中断させた則天武后《そくてんぶこう》ただひとり。歴代の中国王朝は属国に対しても、女性君主を避けるよう指導していた。事実、七世紀に善徳女王（在位六三二〜六四七年）、真徳女王（在位六四七〜六五四年）と相次いで女王を奉じた新羅は、女性には君主は務まらないから、皇族を派遣してやるなどとさんざん圧力をかけられ、危うく唐に併合されそうになった。

ヤマト政権でも中国王朝の圧力を警戒して、大王は男性であると偽り通したものと考えられる。

源義経への「判官贔屓」が生まれたのは室町時代末期のことだった

源義経にはどうしても悲劇のイメージがつきまとう。『広辞苑』でも「判官贔屓《ほうがんびいき》」を「源義経を薄命な英雄として愛惜し同情すること。転じて、弱者に対する第三者の同情や贔屓」としている。

源義経は、平家討滅の最大の功労者でありながら、兄である源頼朝から冷たくあしらわれ、何とか奥州（現在の東北地方）の平泉まで落ち延びるが、最大の庇護者であった藤原秀衡の死後、跡継ぎの泰衡に攻められ衣川館《ころもがわのたて》で自害した。これらの事実だけをもってすれば、たしかに悲劇の英雄と呼ぶに相応しい存在である。

義経が頼朝の不興を買った最大の原因は、頼朝の許可なく後白河法皇から左衛門少尉と検非違使《けびいし》の官位官職を受けたことにあった。検非違使の尉は現在の警視総監に相当し、「尉」という官位は四部官のうちの第三等官にあたる。第三等官は判官とも呼ばれ、「はんがん」と読まれるのが普通のなか、武官である検非違使の尉だけは「ほうがん」と読まれた。義経がその官位を賜ってからは、義経の代名詞ともなるのだった。

「判官贔屓」で悪役とされるのは源頼朝と梶原景時である。義経の監軍（相談役）であった景時は、作戦をめぐって事あるごとに義経と対立し、頼朝への報告書で讒言を繰り返したとされている。景時のせいで兄弟仲が悪化し、修復不可能な域まで達したというのだ。

しかし、同時代の記録を見ると、実際は義経に同情する声はほとんどなく、鎌倉武士の大半も景時と同様の見方をしていたことがわかってきた。勝利至上主義の義経がとる作戦は、個々の功名を第一とする鎌倉武士の意向と合わず、後白河法皇に従順な義経の姿勢も武士の世を待望する鎌倉武士たちの意向に反するものだったからだ。

つまり、奥州での生活が長い義経は、東国（現在の関東・東海・甲信越）の事情に疎く、空気を読もうとしなかったために自滅した。責任は頼朝や景時ではなく、義経当人にあるとするのが最近の傾向だ。

義経に対する評価が変わるまでには実に長い歳月を要しており、「判官贔屓」の感情が生まれ、広く定着したのは室町時代末期のことだった。

なぜ評価が一八〇度変わったのか、なぜ室町時代末期なのか。この点に関して、国文学者の池田弥三郎氏がその著『日本芸能伝承論』に「判官びいき」という一節を設け、次のように語っている。

「江戸時代には、判官びいきという語は、義経その人への同情という第一義から進んで、一般的に弱い立場に置かれている者に対しては、あえて冷静に理《り》非《ひ》曲直《きょくちょく》を正そうとしないで、同情を寄せてしまう日本人の心理現象をさして言っている語となっていた」

また、西洋史が専門の会田雄次氏も雑誌で興味深い指摘をしている。

「私たちの判官びいきには、日本人に強い劣等意識、というより自分は理由なく能力や努力が評価されず、不当な待遇を受けているという被害者意識が広く深く蔓延しているのだ。悲劇の英雄、憎たらしい姑にいじめられる美しく純情な嫁という姿は、そういう自己の拡大投影である」

こうした先達の分析を踏まえながら、作家の森村宗冬氏はなぜ室町時代末期なのかという問いへの答えに到達し、その著『義経伝説と日本人』の中で「『判官びいき』とは大変革期の波に乗り遅れた、あるいは変革期の難しい競争のなかで敗れた敗者（現代風にいえば『負け組』か）の劣等感・不幸感・自己正当化など諸々のマイナス感情が、ひとつの表現として具現化したものではなかったろうか」と述べている。

そういわれてみれば、たしかに室町時代中ごろから世の秩序は乱れ、地道な努力が報われなくなっていた。時代の変化はわかっていても、何をどうしてよいかわからず、「負け組」となる者が絶対多数を占めていたのだ。

とはいえ、「負け組」は自分に非があるとは認めたくない。そんな彼らが見出したのが、義経の運命に自己を重ねることで溜飲を下げるという自慰行為だった。

そう考えれば、「判官贔屓」が室町時代末期に生まれたのも納得がいく。日本人の美徳ではなく、その真逆ではあるが。森冬氏はそれを「呪縛」という言葉で表現している。

最強の「武田騎馬軍団」はただのイメージ戦略だった⁉

戦国時代の武田家といえば、騎馬軍団のイメージが強い。だが、あらためて思い返せば、武田軍が騎馬軍団の活躍で勝利した戦いなどあっただろうか。

天文一七年（一五四八）の上田原の戦いでは数の上で勝りながら、重臣の板垣信方や甘利虎泰を失うなどして初めての大敗北を喫した。上田原は千曲川南岸に展開する段丘平野で、馬を操るのに適した地形といえる。それにもかかわらず武田軍は敗れた。

天文二二年（一五五三）から永禄七年（一五六四）まで断続的に続けられた上杉謙信との川中島の戦いにおいても、騎馬軍団や騎兵が活躍したとの記録はない。

元亀三年（一五七三）の徳川家康相手の三方ヶ原の戦いは武田信玄の生涯においても一

番の快勝と呼べるものだったが、このときは武田軍の兵数が徳川・織田連合軍の二倍であるなど野戦に持ち込めば必勝の態勢にあった。三方ヶ原という地名から想像ができるように、そこは見晴らしのよい平原地帯。数で勝る側の優位は絶対的で、敗走した徳川軍にしてみれば、歩兵より騎兵のほうにより強い恐怖を覚えたに違いない。

野戦とは城攻めに対する言葉で、見晴らしのきく場所での戦いをいう。それこそ騎馬軍団の威力の見せどころ。馬蹄《ばてい》で敵の歩兵を蹴散らす光景が脳裏に浮かぶかもしれないが、実際の戦国時代の戦いにおいて、それはありえない光景だった。

なぜなら、当時の馬は体高が非常に低く、重い鎧武者を乗せた状態ではまともに走ることさえ難しかったからだ。

現在歴史物の映画やドラマの撮影に使用されるのはサラブレッドやアングロアラブなどの洋種馬で、日本でこれの繁殖が始められたのは明治四〇年（一九〇七）のこと。江戸幕府の八代将軍徳川吉宗のときに輸入されているが、それは見世物としてであって、繁殖させるにはいたらなかった。

つまり、明治以前にいた在来種は道産子の名で親しまれる北海道和種や木曽馬など七種のみで、大馬に分類されるものでも体高は五尺（約一五二センチ）で、通常のサラブレッドより一〇センチ前後小ぶりだった。

大馬ばかりを揃えられればまだしも、現実には体高四尺五寸（約一三六センチ）の中馬や、四尺（約一二一センチ）の下馬が多数を占めたはずだ。これらを数百、数千揃えたところで、騎馬軍団の名に相応しい戦力となるかは疑わしい。

結論を先にいえば、戦国時代の騎馬兵は馬を主に移動に利用するだけで、戦うときは馬から下りていた。このことは宣教師のルイス・フロイスやフランシスコ・ザビエルも書き残しており、彼ら目撃証人の記録がなぜ長いこと黙殺されてきたのか不思議でならない。江戸時代の講談や視覚効果を狙った映像作品が、日本人の多くをある種の洗脳状態にでもしてしまったのかもしれない。

織田信長の一代記である『信長公記』には、長篠の戦いの際に騎馬による突撃戦術が取られたとあるが、これはあくまで徳川・織田連合軍の陣形を崩し、突破口を開くための戦術にすぎず、馬蹄で歩兵を蹴散らすのとは事情がかなり異なる。突撃が成功すれば、退いて味方の歩兵と入れ替わるか、馬から下りて戦ったものと思われる。

時代考証にうるさくなってきた現在だからこそ、今さらながら宣教師たちの残した記録が再発見されたともいうことができるだろう。

この「戦国最強の武田騎馬軍団」というイメージは、いつごろ形成されたのだろうか。長篠の戦いで織田信長が多数の馬防柵を設けさせていた事実から、武田家が健在なうちにあった可能性もあるが、馬防柵の設置が野戦での常識であった可能性もある。敵をひるませるために武田家自身が宣伝したか、家康が大敗の責を転嫁するために誇張した可能性もある。だがイメージの成立が江戸時代に入ってからだとすれば、徳川に降った武田家の遺臣たちが旧主を持ち上げるため大いに宣伝した可能性が考えられる。

武田家の遺臣で徳川に降った者たちは、徳川四天王のひとりである井伊直政のもとに配属され、関ヶ原の合戦や大坂の陣で精強な戦いぶりを見せた。このため、直政は武田家遺臣たちの装備に合わせて自らの将兵の装備を赤で統一する。これが「井伊の赤備え」だが、直政のもとで不動の立場を築いた彼らであれば、旧主を持ち上げる発言を繰り返したとしてもとがめられることはなかっただろう。

上杉謙信が敵に塩を送ったのは単に金儲けのため

甲斐の武田信玄と越後の上杉謙信。いずれ劣らぬ戦国時代の英雄だが、二人に関してはこんな美談がよく語られる。

桶狭間の戦いで今川義元が討たれて以降、今川家の衰退はとどまるところを知らず、それを見た武田信玄は同盟を破棄して今川領を侵し始めた。これに対して、義元の跡を継いだ氏真は武田領内への塩の流通を止めるという報復行動に出た。

塩は人間が生きていくうえで必要不可欠な代物だった。食品の保存ができなくなるだけでなく、塩分の不足は健康被害にも直結する。その状態が長期におよぶと、武器を手にする体力も考えをめぐらす脳の働きもなくなる。今川氏真が取った「塩止め」という策は、地味なようでいて、このうえなく効果的な戦術だった。

氏真は武田領に隣接する諸大名にも同調を呼びかけていたが、上杉謙信だけはこれに従わず、領民に罪はないと日本海産の塩を武田領内に搬出し続けた。これが「敵に塩を送る」

という故事の語源で、戦国時代屈指の美談ともされるが、実際の事情は少し異なる。

そもそも謙信は信玄に塩をプレゼントしたわけではなく、通常より高い価格で販売しただけ。乱暴ないい方をすれば、敵の窮状につけ込んで暴利を貪ったことになる。謙信は義に篤い武将であると同時に、商才にも長けていたのだ。

謙信は直江津、寺泊、柏崎などの港で船道前《ふなどうまえ》という関税を徴収し、それを最大の財源としていた。そのため、ほかからどんなに強い圧力をかけられようとも、商業を盛んに行うという原則を曲げるわけにはいかなかった。

戦国史を専門とする歴史学者で静岡大学名誉教授の小和田哲男氏の試算によれば、謙信が手にしていた船道前は現在の価値に換算して年間約六〇億円。今川氏真が「塩止め」をしていた期間には、通常を大きく上回る利益をあげていたはずである。謙信の名誉のためにいっておくと、彼は蓄えた金銭で贅沢をすることなく、すべてを軍費に投じた。

戦の目的も実利より義の精神を優先させている。小田原城の包囲も反北条氏勢力の要請を受けて行ったもので、川中島の戦いも村上義清や小笠原長時など北信濃を追われた諸勢力に奪回を依頼されたからだった。たとえその戦いが勝利に終わっても、そこを上杉領として併呑する気などなかったはずだ。

このような謙信の性格が「塩止め」に便乗した商行為を美談に変え、多くの人に信じ込ませる要因になったのだろう。

「おんな城主」井伊直虎はやっぱり男性だった!?

平成二九年（二〇一七）のＮＨＫ大河ドラマは『おんな城主　直虎』だった。女性が城主を務めた例は戦国時代には数件見られるが、実のところ、井伊直虎が女性との説が初めて公表されたのはほんの四半世紀前のことで、提唱者は戦国時代を専門とし、『おんな城主　直虎』でも時代考証を担当した小和田哲男氏だった。

小和田氏は静岡県の旧引佐《いなさ》町が浜松市に編入合併される前、引佐町史の編纂に調査委員として携わったことがあり、そのとき目にした史料をもとに「直虎＝おんな城主」を公表。当初の反応は鈍かったが、いろいろな場で粘り強く自説の紹介を続けたところ、いつしか通説となるにいたったのだ。

ところが、『おんな城主　直虎』の放映開始が近づいた平成二八年一二月に事件が起きた。井伊家の史料を収集する京都市東山区井伊美術館が、新たに確認した古文書をもとに、「直虎を名乗ったのは女性ではなく、いとこにあたる別の男性だった可能性がある」と発表したのだ。

同美術館によると、問題の古文書は直虎を補佐していた今川家の武将、新野《にいの》左馬助《さまのすけ》親矩《ちかのり》の娘らから、彦根藩（井伊家）の家老（左馬助の孫）が寛永一七（一六四〇）年に聞き書きしたものを、約一〇〇年後の享保二〇年（一七三五）に子孫がまとめた『守安公雑秘説写記』である。その中に、「（領地は）新野殿のおいの井伊次郎殿に与えられた」「関口越後守氏経の子が井伊次郎」などの記述があったというのである。

同美術館では、関口氏経と次郎直虎の連署がある書状が過去に見つかっていたこととも合わせ、井伊直虎が男子だった可能性があるとしたのだった。

この説に対し、小和田氏は三つの理由を挙げて反論した。第一に挙げたのは、新史料が聞き書きであって、江戸時代の井伊家の家臣にこうした伝承があったことはわかっても、信憑性自体は薄いという点である。

第二には、仮に新野左馬助親矩のおいが井伊次郎を名乗ったのだとしても、新史料からは「井伊次郎＝直虎」とする確証が得られない。

そして第三として、井伊家の跡取りの通称は代々「次郎」で、だからこそ龍潭寺《りょうたんじ》の南渓和尚も、井伊直盛の一人娘の出家に際し、次郎法師という名を与えた。次郎法師がいるのに、別の人間が次郎を名乗るとは考えにくいとしている。

そもそも井伊家は遠江国（現在の静岡県西半部）の名族で、室町時代には今川家に仕えた。井伊直盛が桶狭間の戦いで戦死して後、養子の直親は徳川家康に通じているとの嫌疑をかけられ、今川氏真により誅殺された。これにより井伊家は一時断絶。これを再興したのが、後に徳川四天王のひとりに数えられる直政で、直政が成人するまで井伊家当主を務めたのが直虎だった。

小和田氏は井伊美術館が公表した新史料について、「江戸時代の人にとっては『おんな城主』の存在を考えにくかったのでは？　大名の無嗣断絶《むしだんぜつ》の例が多く『家督は男が継ぐ』という先入観があり、このような伝承ができたとも考えられる」とも語る。

そのうえで小和田氏は、「次郎法師（直虎）が一時的ではあれ、井伊谷を支配していたことは次郎法師の印判状（『龍潭寺文書』）の存在によって明らか」と、あらためて自説の正しさを強調するとともに、「『おんな城主』は正式な跡取りというより、後継者が幼かったり、病弱だったりするなど、それぞれのお家事情があって背に腹は代えられず、女性のリーダーでしのがざるを得なかった結果。いわば『中継ぎ』であり、直虎もそうだったと思われる」とコメントしている。

「墨俣一夜城」は三日がかりでつくられた、ただの〝柵〟？

尾張統一を果たした織田信長は次に美濃攻略を目指すが、なかなか足場を築けずにいた。経験豊富な部将である佐久間信盛や柴田勝家にやらせてみるが、いずれも失敗に終わる。そこで木下藤吉郎（後の豊臣秀吉）にやらせてみたところ、奇計を駆使して美濃勢の注意をよそへ向けておき、ひそかに準備を進めて、雨で戦闘が中断している間に上流から流した材木を組み立てて一夜にして城砦《じょうさい》を完成させた。世にいう「墨俣一夜城」である。

木下藤吉郎が出世街道を歩み始める第一歩とも呼べるこの逸話は、一八〇〇年前後に発刊された『絵本太閤記』に詳しいが、織田信長の側近であった太田牛一の『信長公記』には一切言及されておらず、早くから後世の創作を疑う声が挙がっていた。

そこに昭和五二年(一九七七)、愛知県江南市の旧家の土蔵から大量の古文書が見つかり、「墨俣一夜城」を巡る論争に大きな一石を投じることとなった。

一群の古文書は当主の名をとって前野家文書、後には前野家の功績を称える内容から『武功夜話』とも呼ばれ、一時は戦国史を覆す新史料かともてはやされた。津本陽の『下天は夢か』、

▼現在の墨俣付近

遠藤周作の戦国三部作『決戦の時』『反逆』『男の一生』などはどれも『武功夜話』に多くを依拠していた。津本に至っては、現代語訳の発刊を待っていたのでは遅すぎるとして、担当編集者に無理をいい、ゲラ段階のものを拝借するほどの入れ込みようだった。この『武功夜話』には「墨俣一夜城」築城の経緯が詳しく記されていたため、肯定論者たちは自説を補強する史料として歓迎した。

しかし、「墨俣一夜城」の否定論者や懐疑論者だけでなく、歴史学界全体としては『武功夜話』をお家自慢、ご先祖自慢の軍記物語と見なしており、歴史書としては偽書にあたるとの見方で一致している。成立時期も江戸時代中期に書かれた『絵本太閤記』よりあととされている。また、原本が公開されていないことに加え、台風の被害で偶然見つかったという発見経緯が疑惑を増幅させ、一時の盛り上がりは完全に過去のものとなった。

そのため「墨俣一夜城」への懐疑論も再び高まることになったが、停滞していた美濃攻略の情勢がある時期を境に一挙に好転したことは事実である。誰かが重要拠点の設置に成功したことは間違いない。

戦略的な観点からすれば墨俣は重要な意味を持つが、どんなに急いだところで一晩で城を築くのは絶対に無理。巨大な城郭の絵を見せることで敵の目を欺いたとの逸話もあるが、これは中国の歴史書『三国志』に同じ話があることから、物語を劇的にするための転用と捉えるべきだ。

もっとも、何から何まで虚構というわけではなく、美濃勢の意表を突く形で戦略上の要地に拠点が築かれ、そこを足場に織田勢の攻勢が一挙に強まったということだろう。実際、柵を連ねるだけなら最短三日くらいで可能だ。

現場責任者が木下藤吉郎であったかどうかはともかく、常識を覆すほど短期間に事が進んだということで、こうした逸話が生まれたのかもしれない。

千利休は切腹していない？ 〝九州逃亡説〟が注目を集める

千利休は、豊臣秀吉が天下人として君臨した桃山時代に、茶の湯を通して「わびさび」の文化を興し、新たな日本文化として定着させた偉人である。それと同時に、晩年には秀吉の不興を買い、武士ではないにもかかわらず切腹を命じられた悲劇の人物でもある。

切腹の理由について、公には大徳寺山門の楼上に自身の木像を置かせたことが挙げられている。利休にしてみれば、山門修築の費用を工面したのは自分だから、自分の木像を置いて何が悪いと考えていたのだろうが、秀吉やその取り巻きたちにしてみれば見過ごせない行為だった。寺院という聖なる空間に、秀吉を差し置いて町人である利休の木像を置くとは何様のつもりかと、怒り心頭に発したことは想像に難くない。

一方で、木像問題は口実にすぎず、本当の原因は堺商人と博多商人の力関係の逆転にあるとの説もある。

秀吉の天下統一の達成に伴い、堺の勢力をバックとする利休の政治的立場が弱まったのとは対照的に、朝鮮出兵に際して拠点となる博多の重要性が飛躍的に増大した。各方面の調整役を務めてきた秀吉の弟秀長の死によって、博多商人と堺商人の対立が表面化し、それが利休の切腹につながったというのである。

要するに、利休が切腹させられた理由ははっきりしないわけだが、近年、利休の切腹そのものに疑義を投げかける新説が公表された。

茶の湯文化史を専門とする文教大学教授の中村修也氏が平成二七年（二〇一五）に出版した『利休切腹　豊臣政権と茶の湯』のなかで、利休生存説に言及している。

そもそも同時代の記録には、おかしな記述が数多く見られた。罪人として死に追い込まれたのであれば遺体はさらされるところだが、利休の場合、さらされたのは遺体ではなく、大徳寺山門にあった木像だった。

この一事からして不可解なことで、木像が磔《はりつけ》にされている様子を見た伊達政宗の家臣は、国元へ宛てた手紙に「前代未聞」と書き記している。

また、秀吉が母なかの侍女に宛てた手紙のなかに、「利休の点《た》ててくれるお茶は本当にうまい」との一節がある。利休の切腹からだいぶ経ってからの手紙だけに、従来は秀吉の認知症が進行していた証拠とされるのみだったが、認知症の症状は四六時中出るわけではないので、この手紙の内容ももう一度見直す必要がある。

こうなると、利休の切腹はおろか、利休の死、秀吉との対立があったのかさえ怪しくなる。当時の公家の日記にも、利休が行方をくらましたと明記されたものがあることから、利休が何らかの罪に問われ切腹を命じられたところまでは事実だとしても、実際は切腹することもなく、少なくとも逃亡に成功したとの噂があったことは間違いない。

利休をかくまっていたのは茶の湯を通じて親交の深かった細川忠興で、関ヶ原合戦後、忠興が丹後一二万石から豊前中津三三万九〇〇〇石に国替え、加増するに伴い、利休も九州に逃れたのではないかという説もあるのだ。

江戸時代中期には間引きが横行していた

江戸時代の人口については、研究者のあいだでも見解の違いがあるが、ここでは歴史人口学を専門とする静岡県立大学学長、鬼頭宏氏の試算を話の出発点とする。

鬼頭氏によれば、関ヶ原合戦のあった一六〇〇年前後の総人口は一五〇〇万人から一六〇〇万人。それから年率〇・五から〇・八パーセントの上昇率を堅持して、享保飢饉が発生した享保一七年（一七三二）には一八世紀におけるピークに達した。この年を境に人口増加率は激減するのだが、その理由についての研究者の見解は分かれている。

戦乱のない世であるから、普通に考えれば、出生前の堕胎や出生直後の間引きといった自主的な出生抑制が脳裏に浮かぶ。

堕胎とは中絶のこと。間引きは作物の生産調整のため、良好な苗を残してその他を引き抜く作業のことだが、転じて人間の出生にあたり、虚弱や貧困などの理由で育てられないと考えた嬰児を死亡させる行為を意味するようになった。

江戸時代中期の人口増加の停滞を、こうした人口抑制に帰する見方が通説化するなか、民俗学者の千葉徳爾は、平凡社『世界大百科事典』の「嬰児殺し」の項目で、「人口の増加しなかった理由は飢饉と流行病によって十分に説明できる。古来子どもを子宝として喜び、安産や生育祈願のための民俗行事（育児）がひろく盛んに行われてきた事実を考えれば、間引きが近世まで一般常習となっていたという通説には疑問がある」と否定的な見解を示した。

ここで言う「育児」は「帯祝」とも呼ばれ、妊婦に腹帯を結ぶ祝いのこと。一般に妊娠五か月目の戌の日に行なうところが多いが、これは犬の安産にあやかるためとされている。

帯祝には、胎児をひとりの人間とみなし、生存権を社会的に認めるという意味が込められている。帯祝を済ませた子どもは育てなければならないというのが通念だった。このような通念がある社会で、間引きが横行するはずがないというのが、千葉氏の見解だった。

これに対して真っ向から異を唱えたのが冒頭で名を挙げた鬼頭氏だった。

鬼頭氏は出生率低下の原因として、晩婚化、生涯独身者の増加、妊娠能力の低下、流産・死産の増加、夫婦間の出生抑制などを列挙し、「一八世紀は世帯当りの耕地面積は大幅に減少し、たびたび凶作に見舞われた時代であるから、経済的な困窮や飢饉によって、出生率が低下したと考えることは自然であろう」としながら、「各種の法令や慣行の存在から、意図的な出生抑制が江戸時代中期の出生率低下の理由として重要な役割を果たしたと考えられる」と結論づけている。

事実、江戸時代中期には、全国の諸藩で間引き禁止令がたびたび出され、民間でも間引きを戒める印刷物が広く流布している。間引きが稀であれば、このような現象は起きないはずで、間引きを巡る見解に関しては、鬼頭氏に分があると認めざるをえない。

三行半は実は女性に配慮した制度だった

江戸時代の庶民の世界では離婚が簡単で、夫が妻につきつける離縁状は「三行半」とも呼ばれていた。この俗称は、離縁を告げる書状の文面が三行半で書かれることが多かったことによる。

これだけを聞くと、女性がひどく弱い立場にあったかのように感じるが、「三行半」の内容を見れば、事がそう単純でないとわかるはずだ。

この点に関してもっとも詳しいのは、「三行半」について複数の著作のある法制史学者、専修大学教授の高木侃氏で、高木氏によれば、離縁状は単に離縁を告知するための書状ではなかったという。

「三行半」の前半部分は、「深厚宿縁浅薄之事」か「其方事我等勝手ニ付此度離縁致し候」である場合がほとんどで、前者は二人の前世の縁が薄かったこと、後者は離婚に至ったのは夫の都合で、妻には何の責任もないことを表している。

後半部分は「然ル上は何方え縁付候共差構無之候仍如件」や「後日雖他江嫁一言違乱無之」「向後何方へ縁付き候ても苦しからざる義」などと書かれる場合が多く、誰と再婚しても差し支えないという、一種の保証書でもあった。

つまり、「三行半」は離婚した女性の再婚を容易にさせるためのもので、女性蔑視とは正反対の代物だったのである。

それでは、離縁状の授受なしで離婚したらどうなったのか。

この罪は意外にも重く、男のほうは追放刑、女のほうは髪の毛を剃り、親元へ返されることとされていた。

ちなみに、江戸時代は現在の日本に負けず劣らず離婚率が高かった。

先述の鬼頭氏は、一八世紀前半の木曾の湯舟沢村に伝わる古文書から、結婚が終了した理由がどちらかの死亡ではなく、離婚による例が全体の一五パーセントにおよんでいることと、そのすべてが結婚から一五年以内、そのまた大部分が結婚から五年以内と早い時期に集中していることを突き止めている。

同時期でも信濃国横内村の離婚率が一一パーセント、陸奥国仁井田村では三五パーセントと地域差が大きい。その理由は判然としないが、鬼頭氏の推測では、農村全体の離婚率が二〇パーセントを超えていたことは間違いないという。

この離婚率の高さからわかるのは、合わない相手と無理して結婚生活を続ける必要はない、ダメなら出産可能な年齢のうちに別れて再婚をする方がいい、というような考え方が日本全体に定着しており、農村部ではそれが特に色濃かったということだ。

▼実際の三行半

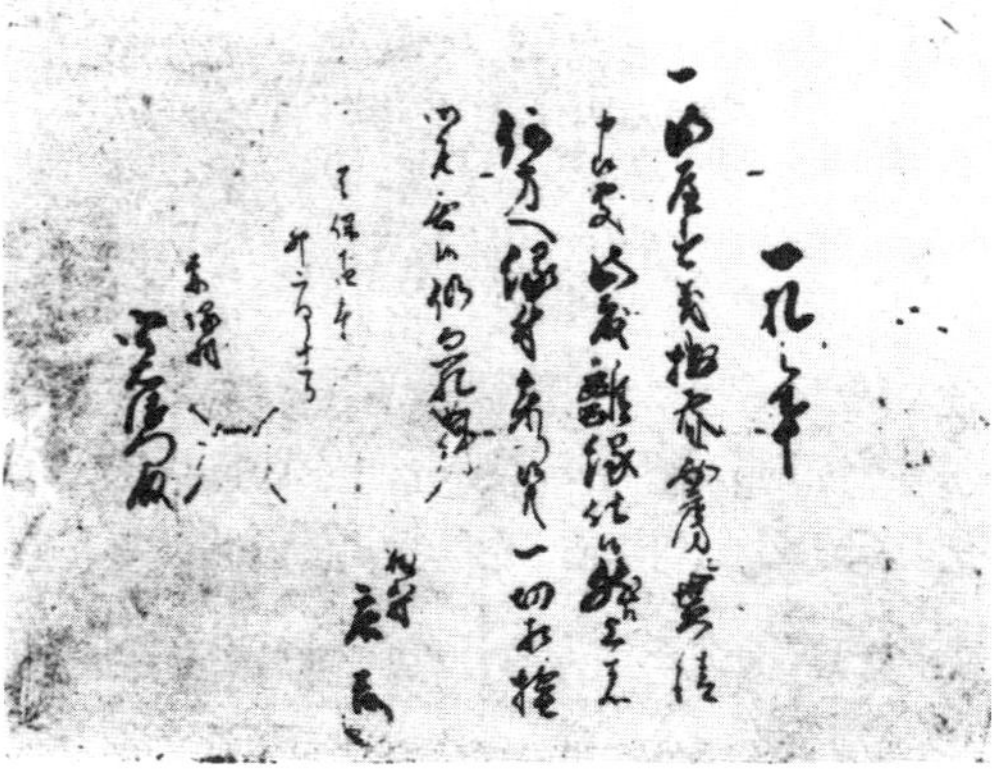

桜田門外の変における致命傷は拳銃によるものだった

安政七年（一八六〇）三月三日に起こった桜田門外の変は、徳川幕府の宰相がお膝元の江戸城門前で暗殺されるという日本中を震撼させた事件だった。

事件が起こるまでの経緯を見てみると、発端となったのはアメリカから突きつけられた日米和親条約の調印問題だった。

本来は、外交にかかわることでも将軍の認可だけで進めることができたが、幕府の権威が弱くなってきていた当時は天皇の裁可が必要とされていた。しかし、ときの天皇である孝明天皇は大の外国嫌いのため、勅許を得ることは不可能に近かった。

彦根藩主の井伊直弼は、非常時にしか設けられない大老という大役を仰せつかり、粘り強く朝廷と交渉を続けたが、時間切れになり勅許なしでの条約調印に踏み切った。これに対して抗議の声が高まると、井伊は「安政の大獄」で反対派弾圧に着手した。

弾圧対象は公卿の家臣や大名とその家臣、幕臣、尊攘派の武士にまで及び、吉田松陰のように死刑に処された者もいた。

井伊は条約勅許問題と並行して将軍継嗣問題でも強行突破を図ったため、御三家や御三卿、親藩など、将軍の身内からも反発の声があがっていた。だが井伊は彼らにも容赦せず、水戸藩の徳川斉昭、尾張藩の徳川慶恕、福井藩の松平慶永は謹慎を命じられ、斉昭の長男慶篤と次期将軍候補の有望株であった一橋慶喜には登城禁止の命が下された。

朝廷も無為無策でいたわけではない。幕府に対して遺憾の意を申し伝えると同時に、尊王の志篤い水戸藩に対しても同じ内容の密勅を下していた。

水戸藩に下された密勅には添え書きがあり、そこには密勅を他藩にも回覧させるようにとあった。この対応を巡り藩論は二分。結局、回覧をしないことになったが、これを不服とした藩士一七人が脱藩を図り、彼らを主軸として桜田門外の変が実行された。

水戸藩士は、藩に累を及ぼさないよう浪人に身を落としていた。そのため、桜田門外の変の首謀者らは水戸浪士と呼ばれるが、脱藩から暗殺への筋書きを書いたのが彼ら自身であったのかどうかについては疑問が残る。

襲撃には刀だけでなく拳銃も使われたが、当時拳銃は一介の浪士が簡単に手にできるものではなかった。

近年発見された証言記録によれば、浪士たちは切込み役、援護役、狙撃役、それ以外は全員で切り掛かるように役割分担を決めていた。拳銃の発砲は襲撃開始の合図ではなく、井伊直弼を至近距離から確実に仕留めることを目的としていた。直訴状の下に隠すかっこうで近づいたため、至近距離から動かない的を射止めることができたのである。

幕府の記録によれば、直弼の出血はほんのわずかで、このことは刀傷を受ける前に致命傷を負っていたことを意味する。遺体の見聞を行った彦根藩医の岡島玄達も、「致命傷は太股から腰にかけての貫通銃創」との記録を残している。つまり、暗殺そのものは一発の銃声とともに成功していたわけだ。

問題はその拳銃の入手経路である。長らく行方不明になっていた現物は戦後GHQに押収され、アメリカに渡っていたが、近年日本に返還されていたことがわかった。

拳銃は表面の金属部分に桜の花模様が刻まれ、その模様は徳川斉昭愛用の茶入れに描かれていたものと同じだという。握り部分も大変豪華で、部品には制作を担当した鍛冶や彫工の名前が刻印されており、拳銃を収めた箱の裏には「森五六朗義士　直弼公天誅の短筒」

と書かれていた。下級武士がこれほどの逸品を入手できるはずはなく、本来の持ち主からの授かりものに違いなかった。

本来の持ち主としてもっとも疑わしいのは徳川斉昭である。条約勅許問題に加え、将軍継嗣問題と安政の大獄への反発と、十分な動機もある。

井伊直弼に一矢を報いると同時に、幕政全体の流れを変えたい。これらの思いが、拳銃の譲渡につながったのだろう。斉昭が襲撃計画の細部にまで関わっていたかは定かでないが、拳銃を譲渡された段階で、それ以上のことはいわずもがなであったに違いない。

西郷隆盛は実際には征韓論者ではなかった

今から半世紀前の歴史教科書には、西郷隆盛は征韓論者だと明記されていた。開国を受け入れない朝鮮王朝の考えを改めさせるため、武力を発動すべきだというのが征韓論で、その代表格が西郷隆盛と板垣退助だったというのである。

西郷隆盛を征韓論者とする根拠は、西郷から板垣宛の書簡にあった。ここでは近代思想史を専門とする中島岳志氏の著作『アジア主義　西郷隆盛から石原莞爾へ』にある問題個所の要約を借りて話を進めよう。西郷は次のように述べた。

「板垣が主張するように、いきなり朝鮮に出兵してしまうと、朝鮮は兵を撤収するよう要求し、これに日本が応じなければ開戦するということになってしまいます。そうすると、これは朝鮮と条約を結ぶという元の『趣旨』に反するだけでなく、今後の両国関係に障害を生み出すことになってしまうので、いきなりの出兵はやめたほうがいいのではないか」「日本が使節を送れば、その使者は『暴殺』されることが予想されるため、是非、自分を使者として遣わしてほしい、そして自分は副島種臣のような立派な外交はできないが、死ぬくらいのことはできるのでよろしく頼みます」というものである。

これだけを見れば、自分の死を大義名分にして派兵せよと促しているようにも読み取れるが、この書簡から三週間後に出した同じく板垣宛の書簡が、西郷を征韓論者とする決定打となった。

そこには「戦は二段」として、まず第一段として使節を派遣し、その使節が「暴殺」されれば第二段階の派兵が可能となる。さらに、一部の士族が抱いている反政府感情を外国にそらすことによって、国家の興隆につなげることができると説かれていた。

以上を総合すると、西郷が征韓論者であったのは間違いないように思えるが、これに真っ向から異を唱えたのが、日本政治外交史を専門とする大阪市立大学名誉教授の毛利敏彦氏で、毛利氏は昭和五三年（一九七八）刊行の『明治六年政変の研究』と、その翌年刊行の『明治六年政変』を通して、「西郷は征韓論者などではなく、むしろ平和的・道義的交渉論を展開していた」と唱えた。

毛利氏によれば、板垣宛の書簡の内容は、板垣の支持を獲得するための政治的なテクニックにすぎず、西郷の真意は下野に際して提出された「始末書」にあるという。

中島の記した西郷の論を要約すると、

「派兵は適当ではなく、朝鮮との武力闘争になってしまえば、もともとの趣意に反することになる。やはり使節の派遣が妥当であり、もし朝鮮の側が交渉に応じず暴力的に拒絶したとしても、粘り強く交渉を続けるべきだ。使節に対して暴挙をはかるのではないかとの疑念をもって、あらかじめ戦争の準備をして使節を派遣するのは礼を失することになる。

あくまでも両国の『交誼《こうぎ》を厚く』しようという、そもそもの趣意を貫徹するべきで、その努力をしたうえで、なお暴挙が起こってしまうことになれば、そのとき初めて相手の非を天下に訴えて、その罪を問うべきではないだろうか」というものである。

毛利は、この文章こそが西郷の真意を示すものと力説したが、この主張には研究者のあいだでも賛否両論が渦巻いた。政治思想史を専門とした橋川文三氏のように、「日本近代史記述の傑作といってもいいと思っている」と激賞する者もいれば、近代史を専門とする田村貞雄氏のように「多くの無理や錯誤があり、学説としてまったく成立していない」と手厳しく批判する者もいた。

毛利が自説を発表してしばらくは、西郷を征韓論者とする意見が依然として優勢だったが、それから半世紀の歳月を経て、形勢は明らかに逆転している。

太平洋戦争での戦没者の六割は餓死だった

日中戦争と太平洋戦争を通して、日本の軍人と軍属（戦闘に直接関与しない要員）の死者は約二三〇万人におよび、そのうち約九割は昭和一九年（一九四四）夏から無条件降伏までの一年間に集中していた。

中国戦線はともかく、太平洋戦線では昭和一九年六月一九日から翌日にかけてのマリアナ沖海戦に敗れたことで、制海権は完全にアメリカの手中に落ちた。

補給の道が完全に断たれるなか、日米開戦前の昭和一六年一月に東条英機陸相が全軍に通達した「生きて虜囚《りょしゅう》の辱《はずかしめ》を受けず」という戦陣訓に縛られた結果、各地で悲惨な玉砕戦が展開された。

そのため、戦死者の大半は玉砕戦によるものと思われがちだが、研究者たちの地道な調査の結果、戦地における戦没者二三〇万人のうち約六割が餓死によることが、近ごろ仮説から通説の域に大きく近づくことになった。

この分野で先達と呼べるのは、近現代史を専門とする歴史学者の藤原彰氏で、昭和三九年に公表された旧厚生省援護局作成の地域別戦没者の基礎データをもとに独自の分析を試み、その著『餓死した英霊たち』のなかで、全戦没者の六〇パーセント強、実に一四〇万人前後が戦病死だったとし、「そのほとんどが餓死者ということになる」と結論づけた。

これを裏づけるかのように、防衛庁（現防衛省）防衛研修所戦史室編纂による『戦史叢書』でも、昭和一七年八月から翌年二月にかけてのガダルカナル島の戦いにおける戦没者二万人のうち、七五パーセントにおよぶ約一万五〇〇〇人は栄養失調やマラリア、下痢、脚気などが死因だったことが明らかになった。

国も軍も、戦地の実情を国民に知らせまいと検閲に力を入れていたが、地方紙の地方版にまでは手が回らず、新潟県や長野県などでは地元出身者の戦死者数についてかなり正確な報道がなされていたという。

制海権を奪われ、補給の道も断たれれば、あとは現地調達をするしかない。赤道下の地域であれば果物や野菜は豊富だが、それすら採り尽くしてしまったら、小動物か昆虫、ミミズなどを食べるしかない。それらを食い尽くしたら次は木の根や樹皮に手を出し、それも尽きれば、あとは人間を食べるしかない。

最初のうちは戦没者の肉を食べていたが、それをも食い尽くしてしまうと残るは生きている人間を手にかけるしかない。戦後、太平洋から生きて日本に戻った兵士たちは、多かれ少なかれ暗い過去を背負っていたのだった。

特攻命令に誰もが従ったわけではなかった

劇作家で演出家でもある鴻上尚史氏の著作『不死身の特攻兵　軍神はなぜ上官に反抗したか』がロングセラーとなっている。フィリピンやレイテ湾で九回出撃して九回生還した特攻兵の生き残り、佐々木友次へのインタビューをもとにした一冊である。

佐々木の証言では、特攻が厳しい訓練を重ねて高度な操縦技術を習得した兵士の誇りを、いかに傷つける作戦であったかを強調している。

特攻とは元来、爆薬を装着した飛行機、潜航艇、舟艇などによって敵艦船などに必死の体当たり攻撃をすることをいう。当然ながら、操縦している当人も死ぬ片道切符の攻撃方法だった。

当初の日本軍戦闘機の火力装備ではアメリカ軍大型爆撃機の撃墜が困難なため、自発的に体当たりを試みる操縦士がいた。それが戦況の悪化に伴い、軍の命令により行われるようになったのだ。

日本では対米開戦前夜までに上官の命令は絶対という空気ができあがっていたが、この特攻命令には誰もが従ったわけではなく、佐々木友次以外にも、現在の静岡県焼津市で結成された通称「芙蓉部隊」も命令に抗い、配属された鹿児島県の鹿屋・岩川両基地から夜間攻撃を繰り返すことで多大な戦果を挙げていた。このあたりの事情は静岡新聞に詳しいので、それに従い簡潔に記す。

芙蓉部隊はなぜ特攻を回避しえたのか。最大の功労者は指揮官の美濃部正少佐であった。軍の上層部が参列する中での位置は末席だが、美濃部はそれにひるむことなく、「十重二十重の防御網を突破するのは不可能。特攻の掛け声ばかりでは勝てません」と芙蓉部隊全員の心中を代弁した。

上官から厳しく叱責されたが、もうあとに引くわけにはいかない。

「今の若い搭乗員に死を恐れる者はいません。ただ、国のために死ぬには、それだけの目的と意義がいります」「精神力ばかりの空念仏では、心から勇んで立つことはできません。同じ死ぬならば、勝算のある手段を講じていただきたい」

本来であれば、抗命罪に問われ刑に処されるところだが、上官たちのなかにもまともな判断力を維持している者が少なからず存在したのか、美濃部の進言は受け入れられ、芙蓉部隊は夜間攻撃を繰り返すことになった。

物量や訓練の不足は工夫で補う。戦果を挙げて生還もできるのに、あえてそれをしないのは

馬鹿げている。それが美濃部らの考えで、晩年には日本海軍連合艦隊司令部が沖縄戦の作戦に決めた「特攻」を、「戦場を知らぬ参謀の殺人戦法」であると断じてもいた。

芙蓉部隊ほど意思統一はなされていなかったが、無駄死にをしたくないと考える者はどの基地にもいて、彼らの多くは故障を理由に無人島へ不時着するのを常とした。そのため軍では着地と同時に爆発する装置をセットするなどして対応した。

実際の特攻の戦果だが、特攻の全面採用直後こそアメリカ軍から「カミカゼ」「自殺機」などと呼ばれ、恐れられもした。しかし、操縦士の練度低下、飛行機の整備不良、アメリカ軍の対応措置の向上などが重なり、フィリピンでは敵艦への突入成功率が二七パーセントであったのに対して、沖縄では一三パーセントと半減していた。

沖縄が陥落して南九州の制空権がアメリカに握られるに至り、芙蓉部隊もその役割を終えた。一機でも飛び立てば基地の位置がわかってしまうからだ。特攻命令に従うか、じっと動かずにいるしか選択肢は残されていなかったのだ。

初代林家三平は肉弾特攻要員だった

　林家三平と聞いて、どの顔を脳裏に浮かべるだろうか。五〇代以上のほとんどは現在の二代目ではなく、初代三平の顔が浮かぶだろう。「昭和の爆笑王」との異名を得て、寄席まで出向かなくとも、お笑いをテレビで楽しめるようにした最大の功労者といっても過言ではない。

　人を笑わせることに生涯を費やしたプロフェッショナル。そんな初代林家三平にも、家族にさえ話さなかった空白の時期があった。

　昭和二〇年（一九四五）三月、一九歳で陸軍に徴兵された初代林家三平は同年一〇月に復員（兵役解除）。翌年、七代目林家正蔵である父に入門して落語家の道を歩み始めるが、三平は兵役にあった八カ月間のことを妻子にもほとんど語らなかったという。

　だが、初代林家三平は家族にも口にしなかった過去を、かつての戦友たちとともに出演した民放のテレビ番組内で一度だけ語ったことがあった。

当時のテレビ局には番組を保存するという意識がまだ薄く、記録は何も残っていなかったが、近年、当時の上官宅で遺品を整理した際に番組出演時の録音テープが発見された。

これを受けてBS朝日は、二代目林家三平とともに初代林家三平の空白の過去を追跡する番組「昭和の爆笑王林家三平　いま明かされる戦争秘話」を制作することにした。

関係者に取材するなかで、初代三平が本土決戦に備えて急きょ編成された陸軍第一五二師団に配属された可能性が高いとわかった。師団といっても、武器や食糧が満足に支給されない状態で、現在の千葉県銚子市の農家に泊まりながら、連日土木作業に従事させられていたという。そしてアメリカ軍が近くの九十九里浜から上陸したときには、肉弾特攻をするよう命じられていた。結局、本土決戦がないまま終戦を迎えたことで命拾いをした。

肉弾特攻とは、火薬を背負って敵陣や敵車両目がけて突撃をする戦術で、陸軍版の「カミカゼ」であった。海軍が飛行機と潜航艇による特攻を重ねているのを見て、陸軍も対抗意識を燃やし、肉弾特攻という戦術を思いついたのだ。

もし本土決戦が行われた場合、日本はどうなっていたか。作家の桧山良昭氏が昭和五六年（一九八一）に発刊した戦記シミュレーション小説『日本本土決戦』では、日本全土で屍の山が築かれ、皇室も避難先の松代で全滅することになっている。もっとも、この小説は原爆の開発が中止されていたなら、という設定の上に立っていたが。

番組スタッフに同行した二代目林家三平は、取材を終えたあと、感慨深くこう語った。

「映画や小説で時に美しく描かれる特攻隊とはまったく違う、みじめでつらい特攻だったことがわかった。だから父は話さなかったのだと思う。今年は戦後七〇年。今一度、何のための戦争だったのか考えてほしい。そして、こうしたことを次の世代にも伝えていかないといけないと思う」

八月一五日の玉音放送（天皇直々の言葉のラジオ放送）がなければ、特攻はなお続けられていたに違いない。八月に入ってからは特攻命令を拒否する基地も少なからず存在したが、特攻隊員の生死を分けたのは多くの場合、現場指揮官の最終学歴だった。

指揮官が士官学校卒であれば絶望的、普通の四大卒であれば希望が持てた。合理的な思考と覚悟を併せ持つ指揮官のもとであれば、無駄死には避けられたのである。

一方のアメリカ軍は玉砕戦と特攻をどう見ていたのか。日本軍と日本人に対して畏怖の念を抱く者もいれば、畏敬の念を抱く者もあったが、どちらかといえば前者のほうが多く、それが日本への原爆の投下を正当化する世論形成につながったことに疑いはない。

当時の国際常識とはかけ離れた戦術を取ったことが、まともに戦えば味方の損害が増えるだけだとして、大量破壊兵器の使用を肯定する空気の形成を後押ししたのだった。

憲法第九条はアメリカの押しつけではなく日本人の発案だった

日本国憲法は、戦勝国であるアメリカに押しつけられたもの。こうした主張は憲法制定時から唱えられてきた。特に槍玉に挙げられるのが、戦争の放棄と戦力の不保持を明記した第九条だった。

だが、この憲法第九条は本当に押しつけられたものだったのか。直接の当事者は当時の首相である幣原喜重郎と、GHQ（連合国軍最高司令部）最高司令官であるマッカーサー元帥の二人である。

マッカーサーは一九五一年五月のアメリカ上院軍事外交合同委員会の公聴会において、

憲法第九条は幣原首相が直接に提言したものだと証言している。日本の岸信介内閣から池田勇人内閣までの七年間にわたって開かれた憲法調査会に対しても、「戦争を禁止する条項を憲法に入れるようにという提案は、幣原総理が行ったのです」と書簡で回答していた。

幣原から提言があった時期として、一九六四年刊行の『マッカーサーの回顧録』には、一九四六年一月二四日が挙げられている。

同日、幣原は私的な挨拶を名目にマッカーサーの事務所を訪れた。そのときの模様を回顧録は次のように記す。

「首相はそこで、新憲法を書上げる際に、いわゆる『戦争放棄』条項を含め、その条項では同時に日本は軍事機構は一切もたないことを決めたい、と提案した。そうすれば、旧軍部がいつの日か、ふたたび権力をにぎるような手段を未然に打消すことになり、また日本にはふたたび戦争を起す意思は絶対にないことを世界に納得させるという、二重の目的が達せられる、というのが幣原氏の説明だった」(『マッカーサー大戦回顧録』津島一夫訳・中公文庫)。

大正時代に長く外相を務め、対米英協調外交を進めたことから、幾度となく軍部に煮え湯を呑まされた幣原。そんな彼であれば、悪弊を根本から断つ意味から、荒療治を提言したとしてもおかしくはなかった。

マッカーサーは回顧録でこうも語る。

「（幣原は）私の事務所を出る時には感きわまるといった風情で、顔を涙でくしゃくしゃにしながら、私の方を向いて『世界は私たちを非現実的な夢想家と笑いあざけるかもしれない。しかし、百年後には私たちは予言者と呼ばれますよ』といった」（同前）

一方の幣原にも、『外交官の一生』という回顧録があり、その中にこんな一節がある。

「これはなんとかして、あの野に叫ぶ国民の意思を実現すべく努めなくちゃいかんと、堅く決心したのであった。それで憲法の中に、未来永劫そのような戦争をしないようにし、政治のやり方を変えることにした。つまり戦争を放棄し、軍備を全廃して、どこまでも民主主義に徹しなければならん（略）。よくアメリカの人が日本にやって来て、こんどの新憲法というものは、日本人の意思に反して、総司令部の方から迫られてたんじゃありませんかと聞かれるのだが、それは私の関する限りそうじゃない、決して誰からも強いられたんじゃないのである」

当時幣原の秘書を務めていた平野三郎も、先述の憲法調査会に対して「平野文書」と呼ばれる報告書を提出していた。その中で昭和二六年一月の幣原逝去の直前に、幣原から直接聞き取ったものとして、象徴としての天皇制存続と第九条の同時実現というプランを、マッカーサーに進言したという話を盛り込んでいた。

右の憲法調査会に関しては近年、元テレビ局報道部出身のジャーナリストである鈴木昭典氏が国立公文書館で音声テープを発見。そこではっきりと、「憲法第九条の提案者は、時の内閣総理大臣・幣原喜重郎」と証言されていた。

もう少し具体的にいえば、それは憲法制定当時に中部日本新聞の政治部長だった小山武夫氏による、憲法調査会公聴会での以下の発言だった。

「第九条が誰によって発案されたかという問題が、当時から政界の問題になっておりました。そこで幣原さんにオフレコでお話を伺ったわけであります。その『第九条の発案者』というふうな限定した質問に対しまして、幣原さんは、『それは私であります。私がマッカーサー元帥に申し上げて、そして、こういうふうな第九という条文になったのだ』ということをはっきり申しておりました」

直接間接の証言がこれだけそろっては、憲法第九条の発案者が幣原喜重郎であることは間違いない。それがマッカーサーの意向にも合致したことから、すんなり話がまとまったのだろう。

アメリカの機密文書開示が日本の強い反対でお蔵入りしたことがあった

透明性は民主主義国家の大原則であるはずだが、現実にはそれが完遂されている国はなく、ケネディ暗殺事件に関する情報公開を見ればわかるように、アメリカもその例外ではない。

アメリカでは一九六六年から一九九九年の長い歳月を経て、段階的に国の情報公開法が整備されたが、それとて完全ではなく、内外の圧力で公開が中止されることが何度もあった。国内の抵抗勢力はＣＩＡ（アメリカ中央情報局）や国務省で、国外の抵抗勢力は日本をはじめとする同盟国だった。

近年、アメリカ国務省から発刊された「『徹底した、正確で信頼できる』編纂に向けて―合衆国の対外関係」という著作は、国務省所属の歴史学者らが史料編纂の歴史についてつづった共著で、そのなかには一九八六年とその翌年に日本政府から、一九五〇年代の「幾つかの慎重な取り扱いを要する問題」についての文書の公開と史料集への収録をしないようにとの要請があったと明記されていた。「機密解除担当者は日本の圧力に抵抗した」など、情報公開を進めたいアメリカ政府幹部らの不満も記録されている。

該当の章を執筆したジョシュア・ボッツによれば、一九八〇年代以前、アメリカは自国作成の公文書の刊行については他国から非公開要請があっても拒否していたが、複数の国からの懸念を受け、レーガン政権下の一九八二年、国作成文書についても当該国と協議するように対応を変更。相手国の意向に十分な注意を払うようにした。

同じくボッツによれば、日本からの一九八六年の要請は非公式に行われたが、翌年の要請は在米日本大使館作成の公式な申し入れ書が国務省東アジア・太平洋局に提出されたとの記録が米公文書に記されているという。

時期的に見れば、自由民主党（自民党）の結成や日米安保条約に関するものと思われる。

このあたりの事情は西日本新聞が独自の取材を重ね、国務省刊行の外交史料集「合衆国の対外関係」の編纂に携わったマイケル・シャラー米アリゾナ大教授からの貴重な証言も引き出している。

シャラーによれば、日本国外務省から解除に反対の申し入れがなされる対象は、CIAから自民党への資金供与を裏づける文書と核密約に集中していた。

現在では公然の秘密と化しているが、まだ革新を掲げる野党に力があった一九八〇年代には、機密解除は選挙結果を大きく左右するに違いなく、自民党にとって相当まずい事態になると考えられたのだろう。

アメリカの側でもCIAが強硬に反対。国務省も「日本の外務省が在日米国大使館に対し、政治的立場がある関係者が生存しているなどの理由で、文書公開に強く反対すると伝えてきており、在日米国大使館も反対している」などと主張。その結果、「公開されれば日本国内にも日米関係にも問題を生じさせるとの認識で外務省と一致」を得て、資料公開は中止されたのだという。

ちなみに、二〇〇六年七月に刊行された『合衆国の対外関係』第二九巻第二部「日本」

の項目には、政党名や個人名には触れず、ＣＩＡによる資金提供の概略だけが編集者の注釈の形で明記されている。公開が中止された文書は現在も機密指定されたままだが、廃棄されないだけましかもしれない。

第5章

「科学分析」で見つかった新発見

縄文人は胴長短足ではなく、弥生人と同じ体型だった

人類の誕生と進化についての研究は日進月歩である。骨格にのみ頼る研究から、血液型やDNA分析へとアプローチ方法が拡大したこともあって、通説の変化も目まぐるしい。

日本人の成り立ちについても、まず縄文人がいて、あとから弥生人がやってきた。両者の血が混ざり合った結果、日本人が成立したという点では大方の一致を見ているが、そこから一歩踏み込むと研究者によって見解が分かれており、同じ研究者でも時の経過とともに説を変えることが珍しくない。

従来の説として、人類学が専門で国立科学博物館に所属する溝口優司氏が、平成二三年（二〇一一）に著した『アフリカで誕生した人類が日本人になるまで』（ソフトバンク新書）を見てみよう。

同書では縄文人と弥生人は同一の祖先を持ち、東南アジアで分岐が生じたとしている。南回りで渡来したのが縄文人で、いったん北上して、バイカル湖周辺で耐寒性を身につけ

てから南下し、朝鮮半島だけでなく、山東半島や長江下流域など複数の場所から渡ってきたのが弥生人だというのだ。

縄文人と弥生人の身体的な違いについては、前腕や脛《すね》が相対的に長い縄文人に対し、弥生人は相対的に短い。眉間が出っ張り、鼻のつけ根が窪んだ彫りの深い顔をした縄文人に対し、弥生人の顔は彫りが浅く平坦だった。歯の小さい縄文人に対し、弥生人の歯は相対的に大きく、前歯の切歯《せっし》はシャベル型をしている。同書にはこのような話が列挙され、さらには頭蓋を比べた場合、縄文人にもっとも近かったのはオーストラリア南東部、メルボルン近郊のキーローで見つかった化石人骨だという興味深いデータも紹介されている。

このように、縄文人は南方起源で胴長短足の体型だったという見方が通説に近かったが、平成二七年の日本人類学会の専門誌では、これに反する研究結果が発表された。

それによると、六〇〇〇年前から三〇〇〇年前を中心とする縄文人の人骨六三体と、山陰から九州北部の四遺跡で発掘された約二〇〇〇年前の弥生人二七体について、胴体の長さや腰の幅、腕と脚の長さなどを調べたところ、縄文人と弥生人の体型には差が認められなかったのだ。

ただし、研究グループの長を務めた、こちらも国立科学博物館の海部陽介氏は、「今回の研究成果は北方起源説と合うが、これで決着ではない。縄文人がひとつの集団ではない可能性もある」と慎重なコメントを発表。早急な判断を戒めている。

統計学上、有効とされるサンプル数に遠く及ばない現状では、科学的な調査結果に基づくとはいえ、決めつけは禁物なのである。

これとは別に、国立遺伝学研究所の調査でも興味深いデータが出てきた。中国大陸や朝鮮半島の古代人と縄文人のＤＮＡには決定的な違いがあり、縄文人と同じタイプの人類は日本以外では世界で二カ所しかない、チベットとインド洋のアンダマン諸島だけだというのである。これは三者が共通の祖先を持ち、山間部や島国であったために他地域との交流・混血が少なく、原初の状態に近いことを表している。

だが、これもやはり少ないサンプルから導き出された仮説なので、数年後には否定されている可能性もある。まだまだ日本人のルーツを知る研究は続きそうだ。

さらに四〇メートルも大きかった——国内最大の大仙陵古墳

紀元五世紀は「巨大古墳の世紀」とも呼ばれている。仁徳天皇陵や応神天皇陵など、最大級の巨大な前方後円墳が造られた時期だったからだ。

なかでも最大の全長を誇るのが現在の大阪府堺市大仙町にある大仙陵古墳（伝・仁徳天皇陵）で全長四八六メートル、後円部の直径二四九メートル、後円部の高さ三五メートル、前方部の幅三〇五メートル、前方部の高さ三四メートルという巨大さである。

現在、誉田御廟山《こんだごびょうやま》古墳（伝・応神天皇陵）など周辺の古墳などを含めて、「百舌鳥《もず》・古市古墳群」として世界遺産への登録を目指しているところだが、その準備として音波調査を実施したところ、意外な事実が明らかになった。大仙陵古墳の全長が従来考えられていたより四〇メートルも長く、五二五メートルにもおよぶことがわかったのである。

従来の計測では地上に出ている部分だけを対象とし、経年劣化で堀に崩れ落ちた部分を考慮に入れていなかった。つまり、この五二五メートルというのも〝少なくとも〟という暫定的な数字で、今後、最新科学を駆使した測量が許されれば、さらに更新される可能性があるのだ。

ところで、この日本最大の前方後円墳に眠るのは本当に仁徳天皇なのだろうか。『日本書紀』には「百舌鳥野陵に葬られた」とあるのみで、単純に百舌鳥という土地にある古墳のなかで一番大きなものを仁徳天皇としたのではないか、という疑念がつきまとう。

また、応神天皇陵の場所については、なぜか『日本書紀』には記述がなく、『古事記』や『延喜式』という平安時代の法令集にある「その陵は河内国志紀郡恵我《えがの》藻《も》伏崗《ふしのおか》にある」との記述をもとに選定がなされた。

以上の経緯から、歴史学と考古学の世界では応神天皇陵を誉田御廟山古墳、仁徳天皇陵を大山陵古墳または大山古墳と呼んでいる。

ちなみに「巨大古墳の世紀」の呼び名は大きな誤解を生んでいる。実のところ、五世紀に古墳の巨大化が見られるのは当時のヤマト政権のお膝元であった大阪や岡山、群馬に限られ、その他の地域では古墳の小型化が進行していた。詳細は不明ながら、何かしらの大きな社会変動があったものと推測される。

極端なところでは、応神天皇と仁徳天皇はどちらも存在しなかったとか、二人を同一人物とする説もある。仁徳天皇の事績は古代中国で理想とされた聖帝の行為そのもので、中国の神話伝説をもとに創作された疑いが持たれているのだ。

応神天皇については、諡号《しごう》（死後に贈られる尊称）に「神」の字を与えられながら、これといった事績のない点が引っかかる。諡号に「神」の字がつくのは伝説上の始祖と考えられる神武天皇、ヤマト政権の実際の創始者と考えられる崇神天皇、応神天皇の三人だけで、応神天皇が前二者と併称されることには違和感がある。

母である神功皇后は応神天皇をお腹に宿した状態で朝鮮遠征を成功させた。胎児の霊力が勝利を呼び込んだのだから、それこそ「神」の字を与えるに相応しいとの見方もあるようだが、それでどれだけの納得が得られたのか、はなはだ疑問である。

九州の英彦山に国内最大級の山伏集落があった

原始的な山岳信仰と密教をミックスした信仰を修験道という。呪力を高めるため山中で苦行に励む者は修験者または山伏と呼ばれた。

平安時代から江戸時代の末までは高くて険しい山や森の深い山にはたいてい山伏がおり、山形県鶴岡市の羽黒山、奈良県南部の大峰山、そして福岡県と大分県にまたがる英彦山《ひこさん》が日本における三大修験道場とされていた。

修験道は明治維新後の神仏分離を境に急速に衰退したため、現在では往時をしのぶことは難しいが、江戸時代には「英彦山三千　八百坊」とうたわれるほど栄えたと伝えられている。これは山伏が三〇〇〇人、彼らが寝泊まりをする坊舎が八〇〇を数えたという意味だと思われるが、確証のないまま歳月が過ぎた。

過去の実地調査では山伏が修行用に岩に穴をあけた岩窟四九座が確認されたのみで、それ以上のことはわからなかった。このままうたい文句だけが語り継がれるのかと思いきや、近年になってレーザーを駆使した調査が実施され、「八百坊」の裏が取られたのだ。

調査は山頂から中腹までの約六・九平方キロを対象に、上空から四〇センチ四方ごとにレーザー照射をして、地表の高低差を測定するという方法で行われた。その結果、山伏が暮らした宿坊や仏堂などがあったと見られる平坦面八〇〇余カ所が確認されたのだ。

英彦山は福岡県南東部の添田町から、大分県北西部の山国町にかけて連なる三山、北岳・中岳・南岳の総称で、中岳には英彦山神社が鎮座している。本来の山名は彦山で、日子山とも記された。「英」の字が加えられたのは江戸時代のことだった。

もっとも高いところでも標高一一九九メートルだから、阿蘇山や霧島連峰にはおよばない。それでいて九州で一番の霊峰とされたのは、山全体の雰囲気や厳しい修行に適した荒々しさなどに起因するのだろう。今後のさらなる調査で、修験者たちの実情がより解明されることを期待したい。

▼諏方神社大門からの英彦山

正倉院ガラスが物語る東西文化交流の実像

奈良はシルクロードの東の起点と位置づけられ、具体的には東大寺の宝物庫として設けられた正倉院がそれにあたることは前述した。

正倉院がシルクロードに連なることを示す証拠としては、そこに所蔵されている六つのガラス器が挙げられる。白瑠璃碗《はくるりのわん》、白瑠璃高坏《はくるりのたかつき》、紺瑠璃壺《こんるりのつぼ》、白瑠璃水瓶《はくるりすいびょう》、緑瑠璃十二曲《みどりるりじゅうにきょくの》長坏《ちょうはい》、紺瑠璃坏《こんるりはい》がそれだが、実のところ、これらのどれひとつとして、奈良時代の正倉院に収められていたわけではなかった。

ササン朝時代のイランか、その周辺地域でつくられたという点は一致していても、日本への伝来ルートや時期はそれぞれ異なる。保管場所としてもっとも相応しいということで、それぞれの所有者が正倉院に譲渡したのだった。

ササン朝は二二六年から六四二年までの四〇〇年以上にわたり、現在のイランとイラクを中心に栄えた。西ではローマ帝国と攻防を繰り返し、東ではエフタルをはじめとするトルコ系遊牧民と対した。

西アジアという場所柄、東西交易の要衝としても栄え、陸路ではイラン系のソグド人が交易の民として活躍。遊牧国家の突厥《とっけつ》に深く入り込み、財政顧問や財務官吏を務める者も多くいた。

中国の隋・唐王朝ともに世界帝国の看板を掲げていたことから、西域の商人は歓迎され、唐の都である長安（現在の陝西省《せんせいしょう》西安市《せいあんし》）には、ゾロアスター教とマニ教、キリスト教のネストリウス派の教会が数多く設けられ、「三夷寺《さんいじ》」と総称される。

当時の日本は、遣隋使や遣唐使として使節や留学生・留学僧を派遣するとともに、朝貢形式の交易を行っていたのだから、隋・唐製の産物だけではなく、ササン朝の文物が入ってきたとしても不思議ではなかった。当時の日本にしてみれば、どちらも物珍しい舶来品に違いなかった。

唐からの輸入品に限らず、その後も中国大陸から入ってくる文物は唐物と呼ばれた。大陸文化をひたすら摂取する時代が終わり、国風文化が栄えたとする一〇世紀から一二世紀にかけても唐物人気は衰えなかった。

院政期から平家の世にかけての日宋貿易が盛んだったのも、国交断絶状態の元王朝に臨時の交易船が仕立てられたのも、室町幕府が臣下の礼をとってまで日明貿易を行ったのも、すべては唐物に相当の需要があり、莫大な富が約束されていたからだ。

中国の王朝が清になってからは、南蛮渡来の品に一歩譲るかたちとなるが、唐物の日本への渡来はやむことがなかった。

このような歴史的な経緯があることから、正倉院所蔵のササン朝のガラス器六個がそれぞれいつ、どういう経路で日本へもたらされたのか、正確なところはわからない。ササン朝から中国までが陸路であったか海路であったかさえもだ。

▼正倉院

シルクロードといえば、どうしても陸路を連想してしまいがちだが、陸路と海路では一度に運べる量に雲泥の差があり、現実には海路こそが主であった。中国大陸から日本への運搬手段も当然海路で、イランと奈良を結ぶ道も海路こそがメインだったのだ。

九世紀中ごろ、現在の広東省広州市にはイスラム教徒の巨大なコミュニティーがあったというから、イランの産品が取引されていたことは間違いなく、その一部が日本人の手に渡ったとしても何の不思議もないのだ。

正倉院やイランの博物館で所蔵される古代ガラス器の製造方法は、実のところ失われてしまっていた。その秘法を再現、再発見しようと試み、未解明な部分を多少残しながら、ほぼ復元に成功したのがガラス工芸史と東西美術交渉史を専門とする歴史研究者、ガラス工芸者の由水常雄氏だった。

由水氏は研究生活の大半を古代メソポタミアとイランの古代ガラス技法の復元に費やしてきた。粉末ガラスやガラス片を型の中で焼いてガラス製品を作るパート・ド・ヴェールという技法を再現させたのも由水氏だが、古代イランのガラス技法にはまだまだ未解明な部分があるというのだから奥深い。古代人の英知には脱帽するしかない。

藤原定家の日記にある「赤気」はオーロラ現象だった

藤原定家は宮廷貴族というより、むしろ歌人として名高い。彼の記した漢文の日記『明月記』は『照光記』とも呼ばれ、第一級の史料として扱われている。

その『明月記』の建仁四年・元久元年（一二〇四）の二月から三月のところに奇妙な記述がある。京都の北から北東の夜空に「赤気《せっき》」が連続して現れ、「山の向こうに起きた火事のようで、重ね重ね恐ろしい」と書き記されている。月をまたいで続くとなれば火災ではない。それでは、いったい何による現象だったのか。

彗星説がささやかれたこともあるこの謎に、新たな説を提起したのは、国立極地研究所や国文学研究資料館などからなる合同チームだった。同チームによれば、「赤気」の正体はオーロラ現象だという。

オーロラとは、太陽から噴き出した高エネルギー粒子が地球の大気を光らせる現象のことだ。北極か南極に近いところでしか見られないと思われがちだが、実はそうではない。

広い意味でのオーロラには、極地に近いところでしか見ることのできない極冠グローオーロラと極光帯型オーロラに加え、中緯度オーロラという現象が存在する。激しい磁気嵐に伴って起きる現象で、藤原定家が目にしたのも、『日本書紀』の推古天皇二三年（六二〇）一二月一日に記されている「天に赤色の気が現れた。長さは一丈あまりで、形は雉の尾のようであった」も、同じく中緯度オーロラであったと考えられる。

同チームが過去二〇〇〇年の地磁気の軸の傾きを計算したところ、北米大陸方向に傾いている現在の軸が紀元一二〇〇年ごろには日本列島側へ傾き、オーロラが出現しやすい時期だったことがわかったという。

また、中国の歴史書『宋史』の一二〇四年二月の項に、「太陽の中に黒点があり、ナツメのように大きい」との記述があるほか、紀元九〇〇年から一二〇〇年代にかけて、赤いオーロラの観測例が十数件記録されていることもわかった。

これを、屋久杉などの年輪に残る太陽活動の痕跡と照合してみたところ、オーロラが観測された年と太陽活動が活発だった年がほぼ一致した。

平安時代から鎌倉時代にかけては、日本でも比較的短い間隔でオーロラが目にできる時期にあたっていた。そのなかにあって、『明月記』にある「赤気」の記述は、連続したオーロラの観測記録としては国内最古のものだといえる。

意図的には作ることのできない曜変天目の輝き

「二二年の番組史上最大の発見」

これは二〇一六年一二月に放映されたテレビ東京の人気番組において、看板鑑定士が視聴者から寄せられた、ある「お宝」に対して放った言葉である。鑑定額も二五〇〇万円と番組史上最高クラスの金額だった。

看板鑑定士に「番組史上最大の発見」といわせたお宝は「曜変天目」という茶碗で、陶芸史上の最高傑作とも呼ばれる代物だった。

「天目」とは黒色の釉《うわぐすり》のかかった陶磁器の総称で、「曜変」とは陶磁器を焼く際、窯の中で予期しない色に変わることを指す言葉だ（そうではなく、黒色の下地に大小の瑠璃色や虹色の光彩のまだら模様が散在する様子から、「星」や「輝く」を意味する「耀」と呼ばれたのが、音を同じくする「曜」に改められたとする説もある）。

産地は中国福建省の建窯《けんよう》、制作時期も一二世紀から一三世紀に限られることから、それ自体が有する芸術的価値に希少性が加わるわけだ。現存する曜変天目はこの世に三点しかなく、東京の静嘉堂文庫、大阪の藤田美術館、京都の大徳寺龍光院に所蔵されているそれらは、どれも国宝に指定されている。

三点のなかでもっとも美しいのは静嘉堂文庫が所蔵する「稲葉天目」で、大正七年（一九一八）に取引されたときの価格は一六万八〇〇〇円。現在の価格に換算すると一六億八〇〇〇万円相当となる。それを三菱財閥総帥の岩崎小弥太が購入したのだが、彼は「天下の名器を私如きが使うべきでない」として、生涯茶碗として用いることがなかったと伝えられている。

それだけ貴重な文化財なので、第四の曜変天目が発見されたとなれば一大事である。その一大事が前述の番組で起きたのだった。

出品者は徳島県のラーメン店店主。「お宝」は腕利きの大工で骨董好きだった曾祖父が、明治時代に三好長慶の子孫が暮らす武家屋敷の移築を請け負った際、大枚を叩いて購入した大量の骨董の一つとのことだ。一時期とはいえ、室町幕府を牛耳った三好家伝来の品とあれば、本物である可能性は高い。

だが、番組の放映直後から、鑑定結果に異を唱える声が複数あがっていた。ひとりは瀬戸焼を専門としながら、曜変天目の再現に長年心血を注いできた愛知県の陶芸家、九代目長江惣吉氏。「番組を見ていて思わず絶句しました。どう見ても中国の商店街で売っているまがい物にしか見えなかった」というのが彼の見解だった。

長江氏がもっとも注目したのは茶碗の内側に広がる光彩で、本物であれば光の当たり具合や見る角度によって輝き方が多様に変化するはずだという。番組で紹介された「お宝」は、光による変化が見られない。味わいに欠け、真作とは認められないというのだ。

陶磁史の世界的権威である沖縄県立芸術大学教授の森達也氏も懐疑論者のひとりで、「実物を見ていないのでその点は不正確ですが、映像を見た限りでは本物である可能性は低い」とコメントしている。

ちなみに、番組放映と少し前後して中国でも曜変天目が発見された。これを機にNHK

が曜変天目の再現プロジェクトを立ち上げ、長江惣吉氏と美濃焼を専門とする陶芸家の林恭介氏に白羽の矢を立てた。

二人は焼物職人としての意地をかけ、それぞれ別の方法で再現に挑むのだが、その詳細と結果が気になる方は、ＮＨＫオンデマンドの見逃し配信をご利用いただきたい。

青春新書
PLAYBOOKS

人生を自由自在に活動《プレイ》する

人生の活動源として

いま要求される新しい気運は、最も現実的な生々しい時代に吐息する大衆の活力と活動源である。

文明はすべてを合理化し、自主的精神はますます衰退に瀕し、自由は奪われようとしている今日、プレイブックスに課せられた役割と必要は広く新鮮な願いとなろう。

いわゆる知識人にもとめる書物は数多く窺うまでもない。

本刊行は、在来の観念類型を打破し、謂わば現代生活の機能に即する潤滑油として、逞しい生命を吹込もうとするものである。

われわれの現状は、埃りと騒音に紛れ、雑踏に苛まれ、あくせく追われる仕事に、日々の不安は健全な精神生活を妨げる圧迫感となり、まさに現実はストレス症状を呈している。

プレイブックスは、それらすべてのうっ積を吹きとばし、自由闊達な活動力を培養し、勇気と自信を生みだす最も楽しいシリーズたらんことを、われわれは鋭意貫かんとするものである。

―創始者のことば― 小澤和一

編者紹介

現代教育調査班〈げんだいきょういくちょうさはん〉

教育や歴史にまつわるさまざまな傾向、疑問について綿密なリサーチをかけるライター集団。ジャンルを問わず多様な情報を日々収集し、更新している。今回は日本史の新説、新常識をテーマに調査をしている。

教科書《きょうかしょ》には載《の》っていない
最先端《さいせんたん》の日本史《にほんし》

青春新書 PLAYBOOKS

2018年8月1日　第1刷

編　者　現代教育調査班

発行者　小澤源太郎

責任編集　株式会社プライム涌光

電話　編集部　03(3203)2850

発行所　東京都新宿区若松町12番1号 〒162-0056　株式会社青春出版社

電話　営業部　03(3207)1916　振替番号　00190-7-98602

印刷・図書印刷　製本・フォーネット社

ISBN978-4-413-21116-1